Lore Großhans
Für eine neue Liebe
ist es nie zu spät

Lore Großhans

Für eine neue Liebe ist es nie zu spät

Vom Glück, sich wieder zu verlieben

Kösel

Mix
Produktgruppe aus vorbildlich
bewirtschafteten Wäldern und
anderen kontrollierten Herkünften

Zert.-Nr. SGS-COC-1940
www.fsc.org
© 1996 Forest Stewardship Council

Verlagsgruppe Random House FSC-DEU-0100
Das für dieses Buch verwendete FSC-zertifizierte Papier *Munken Premium*
liefert Arctic Paper Munkedals AB, Schweden.

Umschlag: Elisabeth Petersen, München
Umschlagmotiv: plainpicture, Hamburg
Druck und Bindung: GGP Media GmbH, Pößneck
Printed in Germany
ISBN 978-3-466-30738-8

www.koesel.de

Inhalt

Stolpersteine auf dem Weg ins Glück 93

Auf der Zielgerade ins Glück 125

Epilog: Oft kommt sie spät, doch sie kommt – die Liebe 153

Anhang 157

Vorwort: Warum dieses Buch?

Ein verliebtes Paar, das Händchen haltend durch die Straßen geht? Sich zärtlich in die Augen schaut? Das unbeschwert miteinander lacht? Wunderbar! Ein Anblick, der uns berührt und manchmal ein bisschen neidisch macht, zuweilen auch ein wenig irritiert. Dann nämlich, wenn das Paar nicht mehr 20 oder 30 Jahre alt ist, sondern die 50 oder 60 überschritten hat. Warum sind wir denn so überrascht? Haben denn nur die Jungen, Agilen, Faltenlosen ein Anrecht auf Liebe, Zärtlichkeit, Geborgenheit? Nein, haben sie nicht!

Höchste Zeit, umzudenken. Sie begegnet uns nämlich immer häufiger, diese neu verliebte Generation 50plus.

Das hat zwei Gründe: Die Zahl der Trennungen nimmt ständig zu, auch die nach der Silberhochzeit. Neun Prozent aller Scheidungen passieren nach dem 26. Ehejahr. Häufig endet eine Partnerschaft in der Altersgruppe ab 50 auch durch den Tod eines Partners.

Soll das dann alles gewesen sein? Keine Zweisamkeit mehr, keine großen Gefühle, keine Schmetterlinge mehr im Bauch? Für die nächsten 20, 30 Jahre? Schließlich werden wir alle älter. Jung älter.

Nein, diese Generation möchte noch einmal richtig durchstarten. Sie wollen nach den Berufs- und Elternjahren endlich ein privates Leben führen, unerfüllte Träume verwirklichen und das mit einem neuen Partner.

Auf die Idee zu diesem Buch bin ich gekommen, nachdem dieses Thema in meiner Beratungspraxis immer häufiger einen größeren Spielraum einnahm. Ich glückliche Klienten vor mir hatte. Und unglückliche, weil sich auf ihrem Weg zu einer neuen Partnerschaft viele Stolpersteine aufgetan haben und wir gemeinsam nach den Gründen forschten, nach Lösungen suchten und häufig auch fanden. Und weil auch ich lange von dem Gedanken ausgegangen bin, dass es die »Älteren« schon schaffen, sich in einer neuen Liebe einzurichten. Sie das entsprechende Rüstzeug dazu in früheren Partnerschaften erworben haben. Dass ihnen ihre Erfahrungen helfen, gefährliche Klippen zu umschiffen.

Irrtum! Ältere Semester gehen mit dem Thema Liebe und Partnerschaft zwar anders um, aber das bewahrt sie nicht davor, in Fallen zu tappen, manches falsch zu machen wie die Jungen. Während für diese in den Buchhandlungen meterweise Regale mit Ratgebern angeboten werden, bleiben die »Alten« mit ihren Problemen allein.

Deshalb dieses Buch.

Einmal neugierig geworden, stieß ich in Zeitungen und im Internet auf eine zunehmend größer werdende Zahl von Männern und Frauen im Alter von 50plus, die nach einem passenden Pendant suchten. Klassische Partnerschaftsvermittlungen haben ebenso wie Internet-Agenturen eigens Sparten »50plus« für Suchende im reiferen Alter eingerichtet. Der Zuspruch ist groß. Nicht von ungefähr.

Sie hört nämlich nie auf, diese Sehnsucht nach dem Anderen, nach einem Menschen, mit dem man sein Leben teilen, Gefühle und Geborgenheit erleben möchte. Ältere Menschen erhoffen sich von einer Beziehung genau dasselbe wie jüngere: Verständnis, Zärtlichkeit, Zweisamkeit. Daran ändert auch die Tatsache nichts, dass sich viele aus dieser Generation nach Trennung oder Tod des Partners ganz gut in ihrem Leben eingerichtet haben, allein und doch einigermaßen zufrieden leben, intensiv Freundschaften pflegen und ein tragfähiges soziales Netz aufgebaut haben.

Es fehlt ihnen dennoch etwas, nämlich »das Glück, dass es jemanden gibt auf dieser Welt, der glücklich ist, dass es mich gibt«, wie es eine meiner Interview-Partnerinnen ausdrückte.

Liebe ist der stärkste Trieb der Welt, weit stärker noch als die Lust am Sex, darüber sind sich Soziologen und Psychologen längst einig.

Die Reiferen können – immer noch – so leidenschaftlich lieben wie die Jungen. Selbst jene, die sich geschworen haben, sich nie wieder verlieben zu wollen, werden von der Liebe oft einfach überwältigt. »Es ist der Triumph der Hoffnung über die Erfahrung«, sagt die US-Anthropologin Helen Fisher.

Und dennoch ist einiges anders, unterscheidet sich eine Liebe in späteren Jahren von der in jüngeren. Vordergründig deshalb, weil es nicht mehr um die Familiengründung geht, nicht mehr um das Setteln im Berufsleben. Auch Sex spielt meist keine dominierende Rolle mehr. Worum geht es dann? Es geht um Zweisamkeit. Um das Bewältigen, das Genießen der zweiten Lebenshälfte oder des letzten Lebensdrittels – zu zweit. Es geht darum, all das zu verwirklichen, das zu verwirklichen früher nicht möglich war. »Es ist nie zu spät, das zu erleben, was man erleben will«, sagt Elsa in dem hinreißenden Kinofilm »Elsa und Fred«, in dem die sich auf 77 Jahre herunter geschwindelte Elsa erst den verwitweten und zaudernden 78-jährigen Fred in Liebe rumkriegt und dann zusammen mit ihm das tut, was sie seit ihrer Jugend wollte: Wie Anita Ekberg in Fellinis Film »La dolce Vita« im Abendkleid und mit einer Katze auf dem Arm in die Fontana di Trevi in Rom steigen und von ihrem Helden (damals Marcello Mastroianni) küssen zu lassen. Eine wunderbare Hommage an das späte Glück! Und eine wunderbare Metapher dafür, die Hoffnung nie aufzugeben und dass Liebe etwas ist, das sich um das Alter nicht schert.

Wenn zwei junge Menschen sich finden, schultern sie nur leichtes Gepäck. Viele Erfahrungen sammeln sie gemeinsam und werden von ihnen zum gleichen Zeitpunkt geprägt. Doch wie ist das, wenn zwei Menschen mit einem Rucksack voll gelebten Lebens aufeinandertreffen, der mit völlig verschiedenen Lebenserfahrungen voll gepackt ist? Wenn sie durch das langjährige Zusammenleben mit einem anderen Partner, langem Alleinleben oder eigenen Gewohnheiten geprägt sind? Wie ist das alles in eine neue Partnerschaft zu integrieren? Wie lassen sich diese Rucksäcke mit ihren unterschiedlichen Inhalten zu einem guten Miteinander verbinden?

In diesem Buch kommen Paare zu Wort, die das geschafft haben. Und Männer und Frauen, die noch auf dem Weg dorthin sind. Und Suchende, bei denen es – noch – nicht klappte. Es ist nämlich nicht nur »Schicksal«, wenn uns das Glück meidet, als hätten wir die Pest. Manchmal sabotieren wir es auch regelrecht – ohne es zu wollen und zu wissen. Auch davon handelt das Buch. Und es geht um die besten Strategien zum Thema Suchen und Finden der Liebe, die in späteren Jahren oft noch vielfältiger und besser sind als in jungen.

Liebe in späten Jahren – die glücklichste Zeit überhaupt

Verliebte sehen sich an,
Liebende blicken in die gleiche Richtung
Antoine de Saint-Exupéry

Gelassenheit und Erfahrung beeinflussen Gefühle positiv

»Eine neue Liebe ist wie ein neues Leben«, schnulzte Jürgen Markus Anfang der 70er-Jahre. Es war ein Riesenhit. Zu dieser Zeit saßen die heute 50-Jährigen zum ersten Mal verliebt und Händchen haltend auf Parkbänken und die jetzt 60-Jährigen schritten zum ersten Mal zum Traualtar, gründeten eine Familie. Alle wähnten sich im Siebenten Himmel, aus dem zu fallen sie sich nicht vorstellen konnten. Überhaupt, dass ihre Liebe jemals noch zu toppen sein könnte.

Heute, 30, 40 oder gar 50 Jahre später geben sie zu Protokoll, dass dieses Glück durchaus zu toppen war – mit ihrem neuen Partner.

Bei zahlreichen Befragungen unter Paaren, die sich erst in ihrer zweiten Lebenshälfte gefunden haben, bezeichneten durchweg alle ihre späte Partnerschaft als ihre glücklichste, oft auch als die glücklichste Zeit ihres Lebens.

Die Frage nach dem Warum ist vordergründig schnell beantwortet: Alle diese Paare sind durch eine Lebensschule gegangen, die sie in Höhen katapultierte, aber ebenso in Tiefen fallen ließ, jeden auf seine Weise. Der Alltag ließ viele Illusionen wie Seifenblasen platzen. Ließ Träume und Erwartungen unerfüllt. Ließ Sehnsüchte offen. Ließ zu, dass Gefühle unterdrückt, verneint und »abgestellt« wurden. Ließ Trennungen zu.

Das war eine harte, aber letztlich gute Schule. Ihre Absolventen haben gelernt, mit Enttäuschungen und Verletzungen umzugehen, daraus Stärken und Selbstbewusstsein zu ziehen, ihr Leben anders in die Hand zu nehmen, neue Prioritäten zu setzen, sich darüber klar zu werden, was in ihrem Leben wirklich wichtig ist, was nicht, und womit man sich arrangieren kann. Im Glücksfall können die Betroffenen ihr Herz weiter öffnen als bei vorangegangenen Beziehungen, weil sie gelernt haben, sich in dem Maße geliebt und angenommen zu fühlen, wie sie selbst annehmen und lieben können.

Sie können den anderen heute zum Beispiel viel mehr so sein lassen, wie er ist, mit all seinen Stärken und Schwächen, wissend, dass sie das Resultat seiner Lebensgeschichte sind, das Ergebnis eines gelebten Lebens. Sie wollen ihn nicht mehr Auf-Teufel-komm-Raus umformen, ihm keine Macken mehr abgewöhnen (was schon beim früheren Partner nicht funktionierte!), weil sie selber auch keine Lust haben, ihrerseits »umgeknetet« zu werden. Viele meiner Gesprächspartner gaben freimütig zu, dass sie ihrem jetzigen Partner in jungen Jahren wenig Beachtung geschenkt hätten, weil bei der Partnerwahl damals für sie ganz andere Kriterien wichtig waren als heute, zum Beispiel Aussehen, sozialer Status, Kinderwunsch.

Auch der Druck, beruflich etwas erreichen zu müssen, ist weg. Die Generation 50plus muss sich nichts mehr beweisen. Ein neuer Lebensentwurf ist fällig. Heute ist die Familienplanung abgeschlossen. Die Kinder sind erwachsen, meist aus dem Haus. Das schafft zum einen größeren zeitlichen Spielraum, zum anderen die Möglichkeit, nach langen Elternjahren »nur« noch Partner sein zu dürfen und zu können. Die späten Paare haben nur einen Grund, zusammen zu sein und zu bleiben: ihre Gefühle füreinander.

Eine neue Freiheit tut sich auf und die genießen Männer und Frauen in späten Partnerschaften sehr bewusst. »Sie leben im Hier und Jetzt, nehmen sich viel Zeit füreinander, führen anregende Gespräche, praktizieren eine offene Konfliktlösung und gehen sich selten auf die Nerven«, fasst Psychologe Johannes Wickert seine Untersuchungsergebnisse zusammen. Oder: Sie blicken in die gleiche Richtung, wie Antoine de Saint-Exupéry einmal über Liebende sagte.

Das Geheimnis der späten Liebe

Sicher zählt die Bereitschaft, mehr und auf Augenhöhe miteinander zu kommunizieren zu den Erfolgsrezepten sowie das größere zeitliche Engagement und selbstverständlich die Gefühle füreinander. Auch die Erkenntnis, dass Liebe nichts Konstantes, sondern etwas sehr Fragiles ist, etwas leicht Zerbrechliches, und dass eine Partnerschaft schnell daran scheitern kann, wenn zu wenig Respekt, Toleranz und Gelassenheit vorhanden sind. Auch das Wissen, dass das Lieben-Können und Geliebt-Werden an sich schon etwas sehr Beglückendes ist. Aber: Das Wesentliche des späten Glücks, das es von jenem vergangener Beziehungen unterscheidet, liegt darin, dass der neue Partner all die lange brachgelegenen, nicht ausgelebten Gefühle und Träume wiedererweckt, sie geradezu aus einem herausliebt. Dass er einen wieder zu dem Menschen macht, der man einmal war, den man leben wollte – aber nicht konnte, aus welchen Gründen auch immer. Aussagen wie »Ich spüre mich wieder ganz«, »Ich lebe ein ganz anderes Leben«, »Ich fühle mich lebendiger denn je« oder »Ich bin ein neuer Mensch« untermauern diese These. Es ist die Sehnsucht nach Leben, nach Lebendigkeit, der Wunsch, Nichtgelebtes nachzuholen, die jetzt erfüllt werden.

Der Kakao auf dem Cappuccino

Uta, 50, Sozialpädagogin, unverheiratet.
Rüdiger, 60, EDV-Berater, verwitwet, ein Sohn.
Seit zweieinhalb Jahren sind die beiden ein Paar.
Kontakt: Ein kaputter Computer

Utas Geschichte

Mein Computer funktionierte wieder einmal nicht. Jürgen, der mir normalerweise weiterhilft, war ratlos und sagte: Das kann nur mein Freund Rüdiger reparieren. Den kannte ich bereits durch seine Erzählung. Rüdiger kam und die Kiste lief wieder. Ich wollte ihn und Jürgen als Dank zum Essen einladen, aber Rüdiger lehnte ab, weil noch andere Kunden auf ihn warteten. Für mich war das eine klare Botschaft: Ich habe kein Interesse! Das habe ich schon als leichte Kränkung empfunden. Denn wenn ich jemanden zum Essen einlade, ist das schon eine Geste. Ich hätte ihm ja auch nur eine Flasche Wein schenken können. Dabei war er nicht der Typ Mann, der mir gefällt, aber jemand, mit dem ich mich gern näher befassen wollte. Schluck – vorbei.

Mein nächstes halbes Jahr war angefüllt mit Arbeit, Arbeit, Arbeit und der Computer ging neuerlich kaputt. Ich rief Jürgen wieder an, der mich erneut an Rüdiger verwies. Nein, sagte ich, hast du eine Ahnung, welche Abfuhr ich erlebt habe! Das ist ganz anders, sagte er. Erst kürzlich haben Rüdiger und ich über dich geredet. Der traut sich irgendwie nicht.

Aber ich traute mich und rief ihn an. Er war sehr nett am Telefon, kam und werkelte geduldig zwei, drei Stunden an meinem Computer. Und ich habe mir wieder dasselbe gedacht wie beim ersten Mal: Der ist nett, sympathisch, lacht nett. Und dann plötzlich war sie da, diese bestimmte Anziehung. Jetzt frage ich ihn halt noch mal, ob wir zusammen essen gehen, dachte ich mir. Wenn er ja sagt, ist es okay, wenn nicht, auch.

Wir sind essen gegangen und haben zum ersten Mal über uns geredet. Mich hat sehr beeindruckt, wie Rüdiger von seiner vor drei Jahren verstorbenen Frau erzählte. Das hat mich sehr berührt. Da kam so eine Ernsthaftigkeit in unser Gespräch neben all der Nettigkeit und dem sympathischen Humor. Plötzlich schoss es mir durch den Kopf: Ich bin dabei, mich zu verlieben. Schluck!

Es gab Männer in meinem Leben, so bis 1989. Von meinem letzten Partner habe ich mich vor fünf Jahren getrennt. Ich hätte mir vorstellen können, zu heiraten und Kinder zu bekommen. Wir haben uns aber auf wunderbare Weise getrennt, obwohl es eine große Liebe war. Wir stellten fest, dass wir uns gegenseitig lähmen. Danach wurden meine Beziehungen immer kürzer. Es waren lauter liebenswerte Männer, die alle viel komplizierter waren als Rüdiger. Ich habe sie auch alle irgendwie geliebt. Sie haben mir auch viel gegeben, dennoch hat mir immer etwas gefehlt.

Ich habe gelernt, mit mir alleine glücklich und erfüllt zu leben. Meine Vorstellung war: Mit einem Mann muss mein Leben schöner werden. Er muss sozusagen das Kakao-Häubchen oben auf dem Cappuccino sein, das ihn einfach noch um einen Tick besser macht. Und es darf nichts Verblasenes sein. Vorbild waren mir Freunde, die auch ihre Konflikte austrugen und dabei ihre Liebesebene nie angegriffen haben. Die gehören einfach zusammen, seit Jahren. Genau das wünschte ich mir: Unter dem mache ich es nicht!

Ich war nicht auf der Suche nach einem Partner, aber offen für alles, was passieren könnte. Wenn es der Richtige wäre, ja wunderbar. Treffe ich ihn nie, dann ist das auch keine Katastrophe. Ich hatte ein ausgefülltes Privatleben mit vielen Freunden. Eigentlich fehlte mir nichts.

Rüdigers Geschichte

Eine hübsche Frau, dache ich, als ich Uta zum ersten Mal sah. Aber da war eigentlich nichts, außer dem kaputten Computer. Sie hat mich zum Essen eingeladen, aber ich hatte noch viele andere Aufträge. Ich werde von meinen Kunden oft zum Essen eingeladen, das war also nichts Besonderes. Ich habe dahinter nichts vermutet.

Unser Abendessen fand erst ein halbes Jahr später statt. Ihr Computer war wieder kaputt. Aber da war aus meiner Sicht immer noch nichts. Ich habe sie immer noch freundschaftlich betrachtet. Als ich sie nach Hause fahren wollte, wiegelte sie ab, sie sei mit dem Fahrrad unterwegs. Zwei Tage später haben wir uns zum Essen verabredet, ohne vorherige Computergeschichten. Wir landeten in verschiedenen Kneipen und Bars und haben bis morgens um vier geredet, geredet, geredet. Danach hatte ich Probleme, die 60 Kilometer mit dem Auto nach Hause zu fahren. Sie sagte so selbstverständlich: Ich habe ein Gästebett. Und seither sind wir jede Minute zusammen.

Bis dahin hatte ich nicht an eine neue Partnerschaft gedacht, bestenfalls an jemanden, mit dem ich in meiner Freizeit etwas unternehmen kann. Ich hatte in den drei Jahren nach dem Tod meiner Frau, sie starb an Krebs, auch viel zu viel mit mir selber zu tun und habe nach außen hin sicher auch signalisiert, dass ich noch nicht bereit war für etwas Neues. Freunde haben ein paar Kuppelversuche unternommen, aber ich hab das gar nicht so richtig mitgekriegt. Auch mein Sohn meinte, ich solle mich nach einer Frau umsehen. Wahrscheinlich hatte er keine Lust mehr, weiterhin mit mir in Urlaub zu fahren, schließlich hat er eine Freundin.

Meine Frau hatte mir im Krankenhaus gesagt, ich solle mir eine Partnerin suchen und weiterleben, ohne mich stark zu verändern. Es war eine Sandkastenliebe. Sie war vier, ich sechs und wir waren 29 Jahre verheiratet und haben einen Sohn.

Zwischen meiner verstorbenen Frau und Uta gibt es viele Parallelen. Sie ist ein ähnlicher Typ und hat gleiche Vorstellungen, was Lebensart, Werte und soziales Verhalten betrifft. Aber es ist dennoch eine völlig andere Beziehung, eine völlig andere Person. Es wäre müßig, die beiden miteinander zu vergleichen.

Ihre gemeinsame Geschichte

Die beiden sprachen innerhalb von drei Tagen übers Zusammenziehen. Uta zog mit ein paar Büchern, Bildern und ein paar persönlichen Dingen zu Rüdiger aufs Land. »Ich, die immer dachte, ich könnte nur in der Stadt leben!«

Und sie nahm sich ein Jahr Auszeit von ihrem Beruf. Die letzten Jahre hatte sie zehn, zwölf Stunden pro Tag gearbeitet, Wochenenden eingeschlossen. Immer weniger Personal, dafür waren umso mehr Aufgaben zu bewältigen. »Die Umstände konnte ich nicht ändern, also konnte ich nur etwas in meinem Inneren verändern. Und so beschloss ich, diesen Arbeitsbereich zu beenden. Und im September, als Rüdiger und ich zusammenkamen, war das auch abgeschlossen.«

Uta: Rüdigers Haus ist nicht mein Nest. Ich spüre immer sehr hin, ob da ein Platz für mich ist, ob ich da störe. Es gibt bestimmte Stellen, wo er deutlich signalisiert: Das bleibt so, hier will ich keine Veränderung. Es ist für mein Gefühl zu sehr sein Haus, wo es bestimmte Freiräume und sehr klare Grenzen gibt. Das akzeptiere ich. Es ist eine Übergangslösung. Sobald wir wissen, wo und wie wir leben wollen, suchen wir uns ein Heim, das nicht seines, nicht meines, sondern unseres ist.

Es gab auch mal einen Moment, an dem ich auf seine verstorbene Frau irgendwie eifersüchtig war. Wir haben Fotos angesehen, Rüdiger und sie auf dem Segelboot. Sie war eine sehr attraktive und sportliche Frau. Das war eine Seite, die ihr leben konntet, schoss es mir durch den Kopf. Ich könnte sie mit ihm nicht leben, denn ich sehe zwar sportlich aus, bin es aber nicht. Das hat sich ziemlich fies angefühlt. Aber ich habe das tiefe Empfinden, sie hat Rüdiger freigegeben. Sie war die erste, ich bin die zweite. Ich will nicht mit ihr konkurrieren.

Rüdiger: Das wäre auch schlecht für unsere Partnerschaft.

Uta: Anfangs hatten wir auch Probleme miteinander zu kommunizieren, ohne dass wir uns missverstehen. Ein Beispiel: Als mich Rüdiger nach dem Abendessen mit dem Auto nach Hause bringen wollte, lehnte ich ab, sagte, ich hätte mein Rad dabei. Was ich nicht sagte, war, dass ich das am nächsten Tag wieder brauche, um zur Arbeit zu kommen.

Rüdiger: Ich habe das als Abfuhr empfunden.

Umgekehrt wertete Uta Rüdigers Abschiedsworte »Wenn du Probleme mit dem Computer hast, dann melde dich« als Abfuhr.

Uta: Für mich hieß das, ich solle mich nur melden, wenn der Computer kaputt ist.

Was hat sich durch die Zweisamkeit verändert?

Uta: Ich hätte mir vor zwei Jahren nicht mal vorstellen können, auf dem Land zu leben und meine Herzblutarbeit aufzugeben.

Jetzt backe ich mit großer Begeisterung Kuchen, schaufle Schnee, zupfe Unkraut, koche und wische Staub – lebe all das aus, was ich bislang nicht ausgelebt habe. Und ich wundere mich, wie genügsam ich bin. Ich vermisse die Großstadt nicht, ich bin am liebsten daheim, finde es wunderbar, keine Termine zu haben. Dieser Zustand war schon in den ersten Tagen auf dem Land da. Wenn ich auf dem Balkon stand, dachte ich und denke es noch immer: Mein Gott, wie schön ist es hier. In München stand ich nie auf der Straße und sagte: Gott, wie schön ist es hier. Ich fühle mich anders auf dem Land, gehe langsamer, schaue den Leuten ins Gesicht. Das Tempo ist ein anderes. Durch Rüdiger wurde mir klar, dass ich eine noch längere Pause in meinem Beruf brauche.

Als ich Rüdiger noch nicht kannte, hatte ich immer das Gefühl, eine Seite von mir lebe ich nicht: Sexualität, Fürsorge, mütterlich sein, für jemanden schön zu sein. Ich habe immer gesagt, wenn ich sterbe und es mir im Leben nicht gelungen ist, mit einem Mann glücklich zu sein, dann bin ich sehr traurig! Es hat lange gedauert, mir einzugestehen, ich wünsche mir einen Mann, ich brauche einen Mann, um auch diese eine Seite leben zu können. Mit Rüdiger kann ich es.

Rüdiger: Mein Leben ist durch Uta wieder lebendig geworden. Es ist schon ein großes Glück, noch einmal einen Menschen zu finden, mit dem man alt werden möchte.

Hätten sie sich vor 30 Jahren ineinander verlieben können?

Rüdiger: Wenn ich meine Frau nicht getroffen hätte, sicher ja. Vorausgesetzt, es wäre damals so gewesen wie vor zweieinhalb Jahren, als wir uns trafen.

Uta: Nein, ich glaube eher nicht. Ich war damals schon eine wilde Hummel.

Eine Zufallsbekanntschaft mit Folgen

Martina, 54 Jahre, Ärztin.
Roland, 58 Jahre, Marktforscher.
Beide sind geschieden und seit zwei Jahren ein Paar.
Kontakt: Faschingsball.

Martinas Geschichte

Na, wenigstens ist er groß, dachte ich. Mehr hat mich an diesem Mann nicht interessiert. Er trug eine Zipfelmütze, das sah irgendwie ziemlich blöd aus. Vielleicht war es auch nicht die ideale Situation. Meine Schwester hatte mich bekniet, zu diesem Faschingsball mitzukommen. Entsprechend war meine Laune. Das einzige, was mir an der Unterhaltung mit Roland gefallen hat, war seine Einladung, mit ihm zur Christo-Ausstellung nach New York zu fahren. Das fand ich richtig gut. Ein Mann mit Ideen! Ich habe sofort ja gesagt, denn er wollte genau in der Woche fahren, die ich mir ohnehin Urlaub verordnet hatte. Am nächsten Tag rief er mich an und fragte, ob ich Lust hätte, ihn zu einem Lach-Event zu begleiten. Das kann nur was ganz Doofes sein, dachte ich. Aber Doofes mache ich ganz gern. Also sind wir hin. Es war grauenvoll, aber ich habe es durchgestanden, er auch. Und ich registrierte amüsiert, gar nicht so schlecht, wenn man so was Bescheuertes zusammen durchsteht, ohne dass einer ausflippt.

Aus New York wurde nichts. Ist jetzt viel zu kalt dort, war seine Begründung und gab die Tickets wieder zurück. Dafür machte er mir den Vorschlag, mit nach Italien zum Langlaufen zu kommen. Ich dachte, mach das mal, wenn er sportlich ist, ist das ja okay. Es war okay.

Sechs Wochen später habe ich explizit gefragt: Ist unsere Beziehung für dich etwas Ernstes oder nicht? Irgendwie hatte ich das Gefühl, dass da noch was anderes sein könnte. Darauf hatte ich wirklich keine Lust. Ich sagte ihm: Entscheide dich.

Es war mir völlig egal, was er macht. Ich wusste nur eines: Ich wollte keinen Partner mehr, der mich betrügt. Das hatte ich in meiner Ehe. Das brauche ich heute nicht mehr. Zudem habe ich die Jahre nach der Scheidung alleine sehr genossen. Ich habe einen tollen Freundeskreis, eigentlich fehlte mir nichts. Ich dachte immer: Wenn ich einen Mann treffe, bei dem es passt, ist es wunderbar, wenn nicht, dann geht's auch ohne.

Schön, dass er da ist. Ich arbeite, komme abends nach Hause und da ist jemand. Das hat schon Qualität. Wir haben viele gleiche Interessen, den gleichen Humor. Das macht das Leben noch schöner und auch leichter.

Martina war die einzige Frau auf diesem Faschingsfest, die mir auffiel. Auch ich bin widerwillig hingegangen, wollte aber einem Freund einen Gefallen tun, weil der das Ganze inszeniert hatte. Martina und ich haben uns dann für den nächsten Tag, einen Sonntag, verabredet. Es hat mich sehr gewundert, dass sie dieses Lach-Event durchgehalten hat, obwohl ich ihr anmerkte, das ist nun wirklich nicht ihre Sache. Aber es hat mir auch imponiert. Verliebt in sie? Nein, noch nicht. Ich war auch gar nicht auf der Suche nach einer Partnerin. Zwar war mir klar, dass ich nicht alleine durchs Leben gehen möchte, aber ich habe mir keinen Druck gemacht. Man ist ohnehin erst wieder partnerfähig, wenn man keinen mehr braucht, wenn man mit sich so schön im Reinen und es gerade so richtig schön ist. Vorher klammert man vielleicht viel zu viel, stellt Vergleiche an.

Ich lebte damals schon drei Jahre allein. Meine Frau hatte sich in einen anderen Mann verliebt und mich verlassen. Unsere beiden Töchter waren längst aus dem Haus.

Als Martina mich vor die Entscheidung stellte, entweder eine ernsthafte Beziehung oder Trennung, habe ich gemerkt, dass da doch viele Gefühle waren. Und sehr viel Vertrautheit. Das ist ein kostbarer Schatz. Es ging uns ja nicht mehr um die Entwicklung einer Lebenskonzeption wie in jungen Jahren, sondern darum, was macht man gemeinsam, wie geht man miteinander um? Ist das jemand, mit dem ich meine Zeit verbringen mag? Das alles war nach diesen wenigen Wochen schon stimmig. An ihrer Seite fühlte ich mich lebendiger und jünger als noch vor fünf Jahren.

Ihre gemeinsame Geschichte

Roland reichte die Scheidung ein. Er lernte ihretwegen Golf spielen. Sie hat sich seinetwegen mit dem Ski-Langlaufen angefreundet. Noch sind seine persönlichen Sachen zum größten Teil in seinem Appartement. Bald sollen sie zusammen mit ein paar Möbelstücken in Martinas Haus Platz finden. Sie muss aber erst einmal Platz schaffen. (Inzwischen sind beide vieles auf dem Flohmarkt losgeworden. Das hat Luft verschafft.)

Martina: Wenn ich das schon höre, der wohnt hier, der andere dort und dazwischen trifft man sich – das ist überhaupt nicht mein Wunsch und Wille. Ich habe sicher meine Marotten, denke aber, ich kann ganz gut zusammenleben und kann mich auch spontan auf etwas einstellen.

Ihre Knackpunkte

Martina: Probleme sehe ich im Moment nicht. Ich habe nicht so viele Raster im Kopf, denke nicht, das und das muss so oder so laufen, wie ich das manchmal bei gleichaltrigen Freundinnen feststelle. Es gehört viel Neugierde dazu, sich auf einen Menschen einzulassen und zu fragen: Was bietet er mir noch? Diese Neugier habe ich. Ich finde es heute leichter als früher. Dabei dache ich immer, es wäre umgekehrt. Früher habe ich vieles nicht so klar angesprochen, hatte immer Schwierigkeiten, klar zu sagen, was ich möchte oder was mir nicht gefällt. Bei Roland kann ich das. Ein bisschen Bauchweh habe ich allerdings, wenn er ganz zu mir zieht. Mein Häuschen ist schon verdammt klein.

Roland: Erstaunlicherweise gibt es die bei uns nicht. Vielleicht liegt es daran, dass man mit dem Alter tatsächlich toleranter und gelassener wird, ich bin's jedenfalls geworden. Es ist ohnehin verblüffend, dass man noch eine solche Bereitschaft hat, auf jemanden zuzugehen und sich auf ihn einzulassen.

Hätten sie sich vor 20 Jahren ineinander verlieben können?

Martina (lachend): Nein, dann hätte ich ihn ja erziehen müssen! Aber dazu habe ich überhaupt keine Lust.

Roland: Was für eine Frage. Ich denke, nein. Wir haben doch ein paar Wochen gebraucht, bis wir uns so weit nahe gekommen sind. Vielleicht wäre sie mir in jungen Jahren zu temperamentvoll gewesen. Heute fasziniert mich ihre Lebendigkeit, ihre Power, ihre Zielstrebigkeit.

Ich suche dich,
finde ich
dich?

*Die Chance, von einem Meteoriten
erschlagen zu werden,
ist für eine Frau über 50 wesentlich größer,
als noch einen Mann abzukriegen.*

Stammtisch-Spruch

Frauen suchen, Männer auch – aber etwas anderes. Die Geschichte von äußeren und inneren Werten

Der neue Partner soll der Mensch sein, auf den man sich verlassen, mit dem man reden und etwas unternehmen kann. In einer Beziehung sollen Verständnis, Zärtlichkeit, Zweisamkeit, Vertrauen, Geborgenheit und Zusammenhalt da sein. In diesen Punkten gehen die Wünsche und Sehnsüchte von Männern und Frauen mit 55plus konform. Darüber hinaus klaffen die Erwartungen jedoch auseinander, wie Zeitungsannoncen und Anforderungsprofile bei Internet-Partneragenturen zeigen.

Frauen suchen einen Partner, der

- gleichaltrig, wenig jünger oder wenig älter ist
- ein ähnliches Bildungsniveau, ähnliche Wertvorstellungen und Interessen hat
- akademisch gebildet ist, wenn sie es selbst sind
- in ähnlich finanzieller Situation lebt. Sie brauchen meist keinen »Versorger« mehr, weil sie selbst für sich aufkommen können, aber ungern einen Mann finanziell mit »durchziehen« wollen.

Männer suchen eine Partnerin, die

- jünger ist, wenigstens drei bis fünf Jahre, besser noch mehr
- möglichst die Konfektionsgröße 40 nicht überschreitet
- gut aussieht
- »vorzeigbar« bzw. »parkettsicher« ist, die auch gern weniger gebildet sein darf, als sie selbst es sind. Akademiker suchen nicht zwingend nach einer Akademikerin.

Die körperliche Attraktivität einer Frau zählt bei den meisten Männern mehr als bei Frauen. Das sagen zumindest Umfrage-Ergebnisse und die scheinen sich in der Praxis durchaus zu bestätigen. Allerdings mit Abweichungen.

»Viele Männer achten auf etwas anderes als auf lange, blonde Haare wie damals in ihrer Jugend«, widerspricht Ehevermittlerin Marianne Gassner. Nach ihrer Erfahrung ist der erfolgreichste Magnet und beste Kitt für ein Zusammenfinden von Mann und Frau die Gleichheit in der Lebensphilosophie. Und dieselbe Art von Humor. »Das alles ist wichtiger als die gleiche Schublade, aus der die beiden kommen sollten«, so Partnervermittlerin Claudia Püschel-Knies. Sie nennt noch einen weiteren Punkt: »Männer wollen eine Frau, die lachen kann, und die sie beschenken können, nicht nur materiell. Sie soll sich darüber freuen können, wenn er ihr die Sterne vom Himmel holen will. Und: Sie möchten sich auch einmal anlehnen dürfen.«

Bleiben wir noch kurz bei der äußerlichen Attraktivität, wie Frauen darüber denken. Sie haben sich vom äußerlichen »Traumprinzen« verabschiedet, zum einen aus total pragmatischen Gründen: Weil die Auswahl für sie ohnehin kleiner ist als für Männer auf der Suche nach der »Traumprinzessin«. Zum anderen aus ihrer Lebenserfahrung heraus, die sie lehrt, dass andere Dinge wichtiger sind als das Aussehen. »Frauen sind viel realistischer«, so Diplompsychologin Lisa Fischbach, »sie achten auf die Balance, sagen sich: Das kann ich dir geben und das möchte ich dafür von dir.« Auf die Frage, wie ihr künftiger Partner aussehen sollte, fallen am häufigsten die Adjektive »sympathisch« und »gepflegt«. Anders als Männer geben Frauen den Kandidaten gern eine zweite Chance, schauen genauer auf das, was auf den ersten

Blick verborgen blieb. Diese Bereitschaft hat schon manches Paar zusammengeführt.

Frauen lassen Gefühle ohnehin langsamer zu als Männer, so die Erfahrung von professionellen Vermittlern. Sie brauchen auch länger als Männer, bis sie sich wieder »auf den Markt« trauen, weil sie erst einmal den Tod ihres Partners oder das Zerbrechen ihrer Partnerschaft aufarbeiten wollen. Viele Männer hoffen, sich um diese Aufgabe herummogeln zu können.

»Auf meine Annonce bekam ich einen einfühlsamen Brief eines Mannes, der mich sehr anrührte. Ich rief ihn sofort an. Wir haben uns wunderbar verstanden am Telefon, bis ich ihn fragte, wie lange er denn Witwer sei. Da sagte er: Seit vier Wochen!«

Susanne, 64 Jahre

»Es kommt ab und zu vor, dass sich bei mir Männer melden, die in einer kaputten Ehe leben. Die sagen dann sinngemäß: Ich werde mich mit Sicherheit von meiner Frau trennen, aber ich möchte vorher wissen, wohin ich dann gehen kann.«

Ehevermittlerin Marianne Gassner

50 Jahre jung – und nur »schwer vermittelbar«?

Jede fünfte Braut, die in Deutschland vor den Standesbeamten tritt, hat ihren 40. Geburtstag hinter sich, so die jüngsten Zahlen des Statistischen Bundesamtes. Die Statistik berücksichtigt aber nicht jene Frauen, die in einer nichtehelichen Partnerschaft leben. Würde sie dies tun, dann könnte man vielleicht davon ausgehen, dass möglicherweise jede vierte Frau, die sich neu bindet, die 40er-Schwelle überschritten hat.

Warum nur jede vierte? Es liegt an der demografischen Schieflage. Es sind weniger Männer in der entsprechenden Altersgruppe auf dem freien Markt. 75 Prozent der über 65-jährigen Männer ist verheiratet (oft mit jüngeren Partnerinnen), aber nur 28 Prozent der gleichaltrigen Frauen (die meist durch Trennung oder Tod des Partners alleine zurückblieben). Die Online-Partnervermittlung Parship ermittelte, dass bei den 60- bis 69-Jährigen das Verhältnis zwischen männlichen und weiblichen Singles 1:3 steht. Verstärkt wird das Problem auch noch durch die unterschiedlichen Wünsche der Suchenden. Diplom-Psychologin Lisa Fischbach von der Online-Partnervermittlung Elite: »Wenn Frauen mit 55 einen Mann um die 60 suchen, die Männer über 60 eine Frau zwischen 40 und 50 – dann rauschen die einfach aneinander vorbei.«

Klartext: Männer haben einfach mehr Wahloptionen als Frauen und sind deshalb auch schneller »an die Frau gebracht« als umgekehrt die Frau an den Mann.

Marianne Gassner, die seit 30 Jahren eine Ehevermittlung betreibt, sieht auch noch diesen Grund: »Es kommen nicht jeden Tag zwei, die zusammenpassen. Oft kommen sie zeitversetzt. Und dann finden sie sich nicht.« Sie sieht die Sache dennoch alles andere als pessimistisch.

»Es liegt grundsätzlich an der Person selbst. Es gibt viele über 50-Jährige, die eine große Ausstrahlung haben. Da gibt es kein Problem, sie zu vermitteln, wenn sie auch für ihr Aussehen etwas tun, um sich von der Masse abzuheben.« Rund ein Drittel ihrer Klientel ist vor 1960 geboren. »Davon kann ich 80 Prozent erfolgreich vermitteln.«

Ein wichtiges Kriterium ist ihrer Ansicht nach: Optimistisch an die Suche heranzugehen, sich sicher sein, dass es klappt. Wenn nicht beim ersten, dritten oder fünften Mal, dann eben erst beim zehnten!

Claudia Püschel-Knies, Partnervermittlerin mit ebenfalls über 30-jähriger Praxis, sieht den Grund, wenn es nicht klappt oder nur für eine kurze Zeit, auch weniger im Alter als vielmehr darin, dass sich die Kandidaten eine ganz wichtige Frage nicht gestellt haben, bevor sie auf die Suche gehen: *Wie will ich mit ihr/mit ihm leben?*

»Die meisten machen es umgekehrt. Sie suchen einen Partner und überlegen erst dann, was jetzt mit ihm passieren soll.« Ein Happy End ist so nicht unbedingt vorprogrammiert.

Neustart ohne Altlasten

Interview mit Eva Orinsky, Systemische Familientherapeutin

Welche Rolle dürfen Ex-Partner in einer neuen Partnerschaft spielen?

Um eine gute Startbasis zu haben, halte ich es für hilfreich, wenn die Beziehung zum früheren Partner geklärt ist. Man sollte emotional wirklich von ihm getrennt sein. Das bedeutet, dass ich ihn nicht mehr als Mann bzw. Frau begehre. Als Mensch darf ich ihn natürlich weiterhin lieben.

Was passiert, wenn man innerlich nicht loslässt?

Durch jahrelange Streitereien mit dem Ex-Partner – von dem man möglicherweise schon lange getrennt ist – wird die Energie für die neue Liebe eingeschränkt oder blockiert. Die neue Liebe ist dann noch wie gefesselt. Sie kann nicht so wachsen, wie sie könnte.

Aber wenn man sich im Zorn, gar im Hass getrennt hat?

Dann kann es keine wirkliche Trennung geben. Ich muss den Ex-Partner in aller Liebe loslassen.

Leicht gesagt, wenn es viele Verletzungen gegeben hat ...

... auch dann. Ich muss würdigen, was ich von ihm bekommen habe, auch das vermeintlich Schlechte. Denn genau das hat mich dahin gebracht, wo ich heute bin. Es hat mich um all die Erfahrungen reicher gemacht, die ich jetzt habe und die es mir heute möglich machen, eine neue Partnerschaft einzugehen und aufzubauen.

Der oder die Ex als größter Lehrmeister und »Glücksbringer« für eine neue Partnerschaft?

Viele, die sich neu verlieben, glauben, sie müssten sich den Ex aus dem Herzen reißen, um ganz für den Neuen da zu sein. Wenn ich aber verdränge, was abgelaufen ist, kann ich nichts daraus lernen. Beim nächsten Partner werde ich wieder die gleichen Fehler machen. Ich muss mich mit dem Geschehenen auseinandersetzen, bis ich meinem ehemaligen Partner und auch mir – das ist ganz wichtig – verzeihen und die erlittenen Verletzungen loslassen kann. Es ist sehr hilfreich, wenn mein vorheriger Partner einen festen Platz in meinem Herzen hat. Wichtig ist aber auch, dass der frühere Partner seine alten Schulden ausgeglichen hat, damit auch er seinerseits frei ist.

Um welche Art von Schulden geht es hier?

Ich habe in meiner Praxis öfter erlebt, dass vor allem Frauen bei einer Trennung »großzügig« auf alle möglichen finanziellen Ansprüche verzichten, oft aus der Hoffnung heraus, der andere könnte dann endlich erkennen, wie »edelmütig« man ist. Aber dafür, das steht fest, wird man nicht geliebt! Das wertet ihn in den Augen des anderen nicht auf. Oft haben Frauen auch nie gelernt, für etwas zu streiten, oder sie wollen endlich ihre Ruhe haben. Selbst wenn sie nicht gleich kommt, aber sie kommt: die Wut, so dumm gewesen zu sein. Das bindet dann noch, wo man sonst schon loslassen könnte.

Geht es hier nur um finanziellen Ausgleich?

Nein, es geht auch um ein psychisches Ungleichgewicht von Geben und Nehmen. Auch hier könnte man sich einigen, wie wieder eine Balance hergestellt werden kann.

Wie könnte das aussehen?

Ein kleines Beispiel aus meiner Praxis kann das verdeutlichen. Eine meiner Klientinnen wurde von ihrem Mann mit einer anderen Frau betrogen. Wie kann er das wiedergutmachen? Gutmachen nicht, sagte sie, aber vielleicht ausgleichen. Sie wünschte sich einen Einkaufsbummel, bei dem er die Brieftasche zücken musste. Als sie so rund 1000 Euro ausgegeben hatte, beruhigte sie sich und hatte das Gefühl: Jetzt ist es gut. So albern das klingen mag, es half!

Nach dem Motto: Du musst Buße tun, damit ich dich loslassen kann?

Wenn man eine Schuld wieder ausgleicht, kann man sich zum einen besser versöhnen, aber auch besser in Frieden trennen. Wenn man nur Schuldgefühle hat, geht nichts weiter.

Und wenn der andere auf diesen Handel nicht eingeht?

Wenn der andere für seine »Schulden« nicht aufkommen will, auch nach langem Ringen nicht, ist es irgendwann an der Zeit, den Kampf zu beenden und das Recht-bekommen-Wollen aufzugeben. Die Wut auf den alten Partner gilt es loszulassen. Man verpfuscht sich sonst nur das eigene Leben. Hier können Trennungsrituale sehr hilfreich sein.

Häufig kommt es doch vor, dass sich einer der Partner neu verliebt, der oder die Ex jedoch noch unter der Trennung leidet. Darf man sein eigenes Glück hemmungslos genießen, schon gar, wenn man es war, der den anderen verlassen hat?

Ja – mit drei Ausrufezeichen! Bewusste oder unbewusste Schuldgefühle binden mich weiterhin an den alten Partner. Dass ich ihn nicht glücklich machen konnte, ist keine Schuld. Für sein Glück war und ist er selber verantwortlich. Deshalb muss ich auch kein schlechtes Gewissen haben, wenn ich selber wieder glücklich bin, der andere aber nicht. Der bekannte amerikanische Psychiater und Buchautor Ron Smothermon sagte einmal: »Schuldgefühle sind die Währung, in der man bezahlt, um es wieder zu tun.«

Sollte man mit dem neuen über den alten Partner sprechen oder ihn eher ausklammern?

Das ist zweitrangig. Wichtig ist, dass ich ihn achte und nicht herabwürdigend über ihn spreche. Irgendwann war man ja schließlich in diesen Menschen verliebt. Der neue Partner wird zu Recht befürchten, dass über ihn, sollte die Beziehung nicht halten, auf dieselbe Weise »hergezogen« wird. Das schafft wenig Vertrauen.

Wohlan denn, Herz,
nimm Abschied und gesunde!

Aus »Stufen« von Hermann Hesse

Ich lasse dich los, damit ich frei bin: Die Kraft der Rituale

Es sagt sich so leicht: Lass los! Doch wie geht das, werde ich in meiner Praxis oft gefragt. Schön, wenn man einfach den Schalter umlegen könnte. Aber da sind sie noch, die schönen und weniger guten Erinnerungen an den Ex-Partner, die noch nicht geheilten Wunden, der Zorn, die Trauer. Wie soll man da loslassen können?

Hierbei können Abschiedsrituale sehr hilfreich sein, denn sie sind eine wunderbare Gelegenheit, sich mit seinen Gefühlen auseinanderzusetzen, Klarheit und Struktur zu schaffen, Ängste und Unsicherheiten genau anzusehen.

Rituale haben nichts mit Voodoo-Zauber zu tun. Es sind symbolische Handlungen, die das Abschiednehmen und das Abschließen erleichtern, aber auch helfen, annehmen zu können, dass man etwas verloren hat. Sie sind aber auch hilfreich, sich für Neues öffnen zu können und das festzuhalten, was trotz der Trennung vom anderen bleibt – und bleiben soll. Vergliche man das mit dem Kauf eines gebrauchten Autos, würde man auf den Ersatzreifen, das Abschleppseil, den Wagenheber auch nicht verzichten wollen – obwohl es eine Weile auch ohne sie ginge –, einfach weil es Dinge sind, die die Reise in die Zukunft sicherer machen.

Für Paare, die sich trennen wollen, bieten Kirchen heute vereinzelt bereits solche Trennungsrituale an. Aus psychotherapeutischen Praxen sind sie ohnehin nicht mehr wegzudenken. Bei einer solchen »Zeremonie« sagen sich Mann und Frau noch einmal, was sie vom anderen bekommen haben und was sie in Zukunft vermissen werden. Diese Würdigung ist sehr wichtig, damit man loslassen kann. Aber sie sagen sich auch, worüber sie erleichtert sind, dass es jetzt ein Ende hat. Danach geben sie sich das Versprechen, sich auch in Zukunft zu achten.

Ein solches Abschiedsritual lässt sich auch ohne den Partner und ohne Therapeuten durchführen. Es ist genauso wirksam.

Bewährt hat sich meiner Erfahrung nach folgendes Ritual.

Schreiben Sie die Antworten auf die folgenden Fragen auf oder sprechen Sie auf ein Band:

- Welche Fäden binden Sie noch an Ihren alten Partner? Was hindert Sie daran, diese Bande zu durchtrennen? (Das können z.B. Wut, Enttäuschung, existenzielle Sorgen sein.)
- Was müsste noch geklärt werden, um abschließen zu können?
- Was möchten Sie als Geschenk von Ihrem Partner behalten?
- Nehmen Sie dann eine Wäscheleine oder Wollfäden als Stellvertreter für diese Verbindung und durchschneiden Sie sie. Sprechen Sie dazu die Worte: Ich lasse dich in aller Liebe los. Ich danke dir für alles, das Gute und weniger Gute. Ich achte dich! Ab jetzt bin ich frei.
- Verbrennen Sie die durchschnittenen Bande ebenso wie das Geschriebene oder Gesprochene und streuen Sie die Asche in alle Winde. Oder verbuddeln Sie alles im Garten, wenn Sie einen haben.

Wer schon einmal ein solches Ritual vollzogen hat, ist total erstaunt, wie befreiend und lösend es wirkt. Es hilft, das

Alte abzuschließen, sich für Neues zu öffnen und gleichzeitig liebevoll das zu bewahren, was man vom Ex-Partner geschenkt bekommen hat.

Noch Sex – in *dem* Alter?

Den Boulevardblättern von Hamburg bis München war es die Schlagzeile auf der ersten Seite wert: Die Schauspielerin Christiane Hörbiger erlebt in dem TV-Film »Mathilde liebt« eine leidenschaftliche Sex-Szene und – oh shocking – einen Orgasmus. Bei einem One-Night-Stand! Noch einmal shocking: Und das mit 67 Jahren (drei Ausrufezeichen). Presse und Therapeuten lobten einhellig den »Mut« der Aktrice, das Thema Erotik und Sexualität aus dem Tabu zu holen.

Ein sexuell aktives Paar über 60? Aber nicht doch!

»Mit 50 wird einem die Sexualität abgesprochen«, weiß Paar- und Sexualberater Robert Bolz aus seiner Praxis bei »Pro Familia«. Körperliche Lust ist auch in der Vorstellung unserer aufgeklärten Gesellschaft offensichtlich nur den unter 40-Jährigen, den straffen jungen Körpern, den Durchtrainierten vorbehalten. Dass Menschen auch im vorgerückten Alter Sehnsucht nach intimer Nähe und Zärtlichkeit haben, ist unvorstellbar. Eine innige Umarmung, ein keuscher Kuss – mehr wird ihnen nicht zugestanden, auch nicht zugetraut. Auch nicht in den Medien.

In den 80er-Jahren lief die TV-Serie »Jakob und Adele«, verkörpert von Brigitte Horney und Karlheinz Schroth. Eine traumhafte Serie, ein traumhaftes »älteres« Paar, eine traumhafte Zuschauerquote. Die beiden spielten verwitwete

Singles, die sich langsam näher kamen und sich voll gegenseitigem Respekt ewig siezten. Es knisterte vor Erotik. Aber eine Liebesszene? Das trauten Drehbuchschreiber und Regisseur ihrem Publikum nicht zu.

Finden zwei im reiferen Alter im Kino oder Fernsehen zusammen, spielen sie erstens eine Nebenrolle und zweitens wird ihre Zweisamkeit vorwiegend von den Sorgen um die Kinder und Enkelkinder beherrscht.

Hollywood hat 2003 mit »Was das Herz begehrt«, einen Millionenerfolg gelandet, als es sich dieses Themas annahm: Jack Nicholson (65) schlägt erst einmal entsetzt die Hände vors Gesicht, als er der spärlich bekleideten Diane Keaton (60) ansichtig wird und sinngemäß äußert, dass er eine so alte Frau weder ansehen, geschweige denn anfassen könne. Er will mit ihrer Tochter ins Bett. Keaton belehrt Nicholson eines Besseren. Sie setzt ihn durch ihre Reife, ihren Sex-Appeal mühelos Schach matt. Die Tochter ist vergessen.

Die Lust bleibt, trotz Rentenbescheid

Mit einem neuen Partner verändert sich ganz viel,
auch in der Sexualität.

Julia Onken, Schweizer Psychologin
und Buchautorin

Wer schon immer Spaß an Sex hatte, der stellt ihn im Alter nicht einfach ab. Er geht nicht mit in Altersteilzeit oder in Rente. Das Ergebnis einer groß angelegten Studie der Universität Leipzig aus dem letzten Jahr enthüllte, dass die Generation 55plus sexuell weit aktiver ist als es uns das tradierte Bild glauben machen will. Rund zwei Drittel der Befragten zwischen 61 und 75 Jahren erklärten, dass ihnen Sex überhaupt nicht gleichgültig sei. Bei den über 75-Jährigen sagten das 58 Prozent der Männer und 61 Prozent der Frauen. Bereits 1995 fand die Arbeitsgruppe um Psychologe Elmar Brähler, dem Leiter dieser Studie, heraus, dass Menschen zwischen 56 und 65 sexuell aktiver sind als die unter 25-Jährigen, die oft in keiner festen Partnerschaft leben. Im Vergleich zu den Daten von 1995 ist die sexuelle Aktivität der über 60-Jährigen heute deutlich gestiegen, ermittelten die Leipziger Forscher. Dazu trägt sicher auch die bessere Gesundheit älterer Menschen bei. Nicht wenige Frauen erleben nach Einsetzen der Menopause eine gesteigerte Libido. Möglicherweise ist dafür der Anstieg des männlichen Geschlechtshormons Testosteron verantwortlich, sicher auch die Gewissheit, keine Angst mehr vor Schwangerschaften haben zu müssen. Die Kinder sind aus dem Haus und Frauen genießen oft die möglich gewordene Spontaneität, um ihre Gefühlsbedürfnisse auszuleben, was auch zu einem vertieften Sexualleben beitragen kann. Die Frau kann endlich ihre Sexualität freier und selbstbestimmter ausleben.

Sex als Jungbrunnen

Sexualität ist mehr als die Befriedigung eines Triebes. Sie weckt unsere tiefsten Gefühle, erregt und sensibilisiert all unsere Sinne, beflügelt unsere Phantasie, heilt unseren Körper und wärmt unsere Seele, schreibt Dr. Michael Klentze in seinem Buch »Die Kraft der Sexualität«. Weil Sex viel positive Energie freisetzt, mache er jünger und gesünder. Fest steht eines: Sex fördert die Durchblutung, regt die Hormonbildung an, stärkt das Immunsystem und stabilisiert das Nervensystem. Er mindert das Risiko eines Schlaganfalls, macht die Knochen stark und schützt vor Arterienverkalkung.

Zeit der Zärtlichkeit

Nun ist es längst kein Geheimnis mehr, dass biologische Veränderungen unausweichlich sind und dadurch die Intensität des rein körperlichen Verlangens mit zunehmendem Alter abnimmt. Nicht jedoch der Wunsch nach Zärtlichkeit und Befriedigung.

Nach den Erfahrungen von Dr. Klentze haben etwa 60 bis 80 Prozent der Männer mit 50plus Potenzprobleme. Einem Großteil kann medizinisch geholfen werden – und beileibe nicht nur mit Viagra! Häufig liegt es am nachlassenden Testosteron-Spiegel. Der lässt sich behandeln. Oft lassen lediglich schon Versagensängste Männer schlapp machen. Hier hilft eher eine Psychotherapie oder eine verständnisvolle Partnerin. Auch die Angst vor einem Herzinfarkt während des Liebesaktes kann zu Potenzstörungen führen. Völlig unbegründet, sagen Experten, denn ein Liebesakt belastet den Körper normalerweise in etwa so, als würde man in normalem Tempo die Treppen in den zweiten Stock steigen.

Für betroffene Männer und Frauen lohnt sich allemal der Besuch beim Urologen beziehungsweise Gynäkologen oder bei einem »Anti-Aging«-Arzt. Denn auch Frauen haben mit Problemen zu kämpfen.

Durch die hormonelle Umstellung werden die Schleimhäute der Vagina weniger stark durchblutet. Das kann zu Schmerzen beim Geschlechtsverkehr führen. Hier kann medizinische Hilfe rasch Abhilfe schaffen. Größere Probleme macht oft die Psyche: Viele Frauen finden sich für den Sex nicht mehr sexy genug. Zum Trost: Viele Männer haben das gleiche Empfinden und sind froh, nicht (mehr) mit den jungen Waschbrettbäuchen konkurrieren zu müssen.

Einen großen Vorteil hat die Liebe »im Alter«. Man ist nicht mehr so auf den reinen Geschlechtsakt orientiert. Die Erregung läuft langsamer ab. Die verlängerte Zeit bis zum Orgasmus wird mit mehr Zärtlichkeit und mit Raffinessen ausgefüllt, was in jungen Jahren mit der Fixierung auf den Höhepunkt häufig zu kurz kommt. Das bringt eine neue Qualität in das Intimleben. Und selbst wenn »gar nichts mehr laufen« sollte, bleibt immer noch, sich zu streicheln und zu küssen. Es bleibt die Lust der seelischen Berührung, das Sich-nahe-Sein. »Auch das«, so Dr. Klentze, »hält die Nervenüberträgerstoffe wie Serotonin, Noradrenalin und Dopamin hoch. Lauter Stoffe, die uns Hochgefühle bescheren.« Paartherapeutin Astrid Riehl-Emde fasst es so zusammen: »Liebe im Alter wird nicht mehr so stark von biologischen Faktoren unterstützt, gerade darum ist sie sogar noch großartiger als in jungen Jahren.«

Reden ist Silber, Schweigen ist Gold

Mögen Sexualtherapeuten und Wissenschaftler auch noch so viel für Offenheit trommeln, unsere Gesellschaft tut sich (noch) schwer mit dieser Tatsache, ebenso die Betroffenen. Eher würde man einen Bankraub zugeben als den Wunsch, sein Bett zu mehr als nur zum Schlafen nutzen zu wollen. Die Frage drängt sich auf: Wer war zuerst da? Das Ei oder das Huhn? Sprechen die »Silver-Agers« deshalb nicht über das Thema, weil die Gesellschaft damit (noch) nicht umgehen kann, oder spricht die Gesellschaft nicht darüber, weil die Älteren ihr Sex-Leben unter der Bettdecke halten?

Im persönlichen Gespräch mit professionellen Vermittlern sprechen die Suchenden zwar offen aus, dass sie eine sexuelle Beziehung haben wollen. »Wenn der Klient das von sich aus nicht anspricht, spreche ich es an«, sagt Marianne Gassner, Leiterin einer Ehevermittlung. »Insbesondere Frauen sollten sich eingestehen, ja, ich will einen Liebhaber, nicht nur einen Knuddelbär.«

Das Buch der 66-jährigen Pädagogin Jane Juska aus Kalifornien wurde auch hierzulande ein Bestseller. Sie hielt darin ihre Erfahrungen fest, die sie machte, nachdem sie ihre Annonce eindeutig formulierte:

»Ich will Sex, bevor ich 67 werde.«

Sie bekam 60 Zuschriften von Männern, älteren und jüngeren, die sich auf ein Sex-Date mit ihr einlassen wollten, aber um ein Vielfaches mehr empörte Antworten. Sie musste sich als Schlampe oder Hure beschimpfen lassen.

Eine befreundete Journalistin startete ein Experiment und gab folgende Annonce bei einer großen überregionalen Tageszeitung in Süddeutschland in Auftrag:

»Bevor ich 62 werde, hätte ich gern viel Sex mit einem Mann, den ich mag ...«

Die Anzeige wurde nicht gedruckt. »Solch eindeutige Annoncen veröffentlichen wir nicht«, so die Anzeigenleiterin auf Anfrage. Als einige Wochen später eine ähnlich formulierte Anzeige – Auftraggeber ein Mann! – in besagter Zeitung gedruckt wurde, hieß es zur Rechtfertigung: Es war ein bedauerliches Versehen!

Also wenig erstaunlich, dass in den »Partner-gesucht-Annoncen« in überregionalen Tageszeitung dieser Wunsch in viel Romantik gekleidet wird: Da wird ein Partner/eine Partnerin gesucht, mit dem man gemeinsam den Sonnenuntergang erleben möchte, manchmal auch Pferde stehlen, gepflegt über Adorno, Benn und Rilke plaudern, am Kamin Rotwein trinken, Hand in Hand durch Paris oder wahlweise Rom wandern, gemeinsame Radtouren unternehmen, noch einmal durchstarten möchte. Es ist viel von »Kuscheln« und »Knuddeln« zu lesen. Ab und zu, selten genug, schmuggelt sich auch der Wunsch nach »erotischen Stunden« ein. Aber mit Sicherheit nicht das Wort Sex, es sei denn, man inseriert in einschlägigen Postillen und nicht in seriösen Blättern.

Macht ein jüngerer Partner jünger?

Prominente Männer machen es uns seit Jahren vor. Je älter sie werden, desto jünger werden ihre Lebensgefährtinnen. Man muss dabei nicht nur an Ex-Außenminister Joschka Fischer, Ex-Kanzler Gerhard Schröder oder »Kaiser« Franz Beckenbauer denken. Es gibt genug andere Beispiele von Industriebossen und Vertretern des Showbiz. In diesem Umfeld ist es geradezu erstaunlich, wenn ein Paar tatsächlich die Silberne Hochzeit »überlebt« oder wenn die Neue nicht exorbitant jünger ist als ihre Vorgängerin.

Auch unter den nicht Prominenten sucht der Großteil der Männer mit silbernen Schläfen eine Partnerin, die wenigstens fünf Jahre jünger ist, besser zehn, am besten noch mehr. Die Hoffnung, sich durch einen jüngeren Partner selber zu verjüngen, ist verständlich. Die Vorstellung, das Älterwerden ein bisschen hinauszögern, vielleicht sogar noch einmal eine neue Familie gründen zu können, fasziniert. Noch einmal zu erleben, was man mit 30 oder 40 erlebte, aber diesmal mit mehr Wissen und Erfahrung und an der Seite eines Menschen, für den das alles das erste Mal ist – das hat schon etwas sehr Reizvolles. Mit mehr Bewusstsein all das zu genießen, was man in der eigenen Jugend oft hat gar nicht so tief wahrnehmen können, weil damals die Gründung der (Erst-)Familie und das sich Settelnmüssen im Beruf im Vordergrund standen. Vielleicht auch, weil man damals keinen Gedanken daran verschwendete, dass die Jugend irgendwann vorbei sein könnte. Dann ist sie vorbei und es bleibt die Frage: War das schon alles? Ein jüngerer Partner vermittelt dann die Illusion, die Drehtür würde einen nicht zwangsläufig nach vorne bugsieren, sondern die Rolle rückwärts machen lassen.

Rolf, 64, ist einer dieser Hoffnungsträger. »Ich liebte ihre Unbekümmertheit, ihre Leichtigkeit, mit der sie sich diese Welt erobert«, erzählt er. Er spricht von der um 22 Jahre jüngeren Elaine, die er vor 10 Jahren in zweiter Ehe heiratete. Sie war Friseurin, er ein gefragter Strafverteidiger. Hochzeit auf Mauritius, Wochenendtrips nach Paris, Rom, New York, Wohnung in München, Haus am Starnberger See, ständig zu Gast in Gourmettempeln und bei Designer-Modeschauen. »Elaine hat mich mit ihrer Power richtig angesteckt, ich fühlte mich so unglaublich lebendig«, erzählt er. »Ich stand morgens um fünf um Karten für ein bestimmtes Rockkonzert an, weil sie unbedingt dabei sein wollte, blieb mit ihr in Discos bis zum Morgengrauen, begleitete sie zum Shoppen. Ich war ein glücklicher Mann.«

Sie schenkte ihm das Gefühl, wieder jung zu sein, er ihr jedes Jahr einen neuen Sportwagen.

Seit zwei Jahren leben die beiden getrennt. Elaine hat Rolf betrogen. Mit einem Jüngeren. »Vielleicht wäre es nicht passiert, wenn wir ein Kind gehabt hätten. Aber das klappte leider nicht«, resümiert Rolf. Seine Erklärung für das Ganze: Vielleicht stecke Elaine auch nur in einer Midlife-Crisis. »Sie macht jetzt die Entwicklung durch, die ich schon hinter mir habe – sie will ihre Jugend verlängern.«

Heute ist Marlis, 56, Arzthelferin, verwitwet, Mutter von zwei erwachsenen Kindern, mit ihm zusammen. Was ist anders?

Er zählt es liebevoll, aber sachlich auf: Marlis kann mit Geld umgehen, bügelt seine Hemden, erledigt seinen Papierkram, näht Knöpfe an, ist bodenständig, begeisterte Golferin (sein Lieblingssport), hört zu, interessiert sich mehr für seine Arbeit als seine Frau, ist anschmiegsamer, warmherziger, weniger modebewusst und 10 Kilo schwerer als ihre »Konkurrentin«.

Hätte Marlis vor zehn, fünfzehn Jahren eine Chance bei Rolf gehabt? »Nein, wohl kaum«, gibt er zu. Sie wäre optisch bei ihm durchgefallen.

Irgendwann, das weiß Rolf, muss er sich entscheiden zwischen Ehefrau und Freundin. Elaine hat ihre Liaison beendet und ihre Rückkehrbereitschaft signalisiert. Marlis würde ihren Beruf sofort aufgeben und zu ihm ziehen, wenn Rolf das wollte. Aber will er das? »Ich weiß es nicht.« Im Moment schwankt er zwischen zwei Polen. Hier das lodernde offene, knisternde Feuer (Elaine) und dort die zuverlässige, behagliche, konstante Wärme eines Kachelofens (Marlis).

Eine junge Frau als Statussymbol? Rolf bestreitet das nicht. »Ich war so stolz an ihrer Seite und es tat unglaublich gut, dass mich Kollegen und Freunde um diese Frau beneideten.«

Nichts Neues: Durch eine wesentlich jüngere Partnerin wird ein Mann plötzlich bedeutungsvoll (wenn er nicht ohnehin schon in der Öffentlichkeit steht). Sein Umfeld spricht ihm automatisch ein Mehr an Potenz, an Macht und Attraktivität zu. Das streichelt sein Ego. Dass Macht erotisch macht, ist keine neue Erkenntnis. So wenig wie die Tatsache, dass Geld die Attraktivität eines jeden Mannes steigert. Auch nicht, dass eine wesentlich jüngere Partnerin im Normalfall leichter zu beeindrucken ist als eine, die in etwa gleich alt ist, sich schon einiges selbst erkämpft hat und sich durch Macht und der mit ihr verbundenen Virilität nicht mehr so schnell beeindrucken lässt. Man muss nicht Psychologe sein, um sich auszurechnen, welche Frau, sprich Altersgruppe, das Rennen bei diesen Männern macht.

Der bekannte Münchner Scheidungsanwalt Hermann Messmer kennt die männliche Denke aus Jahrzehnte langer Erfahrung: »Wenn ich nur noch drei, vier Jahre glücklich mit einer jüngeren Partnerin leben darf, dann geht die Rechnung auf.«

Der große Psychoanalytiker Fritz Riemann war überzeugt: Bleibt es bei dem Motiv, sich durch eine sexuelle Beziehung zu einer jungen Frau selber verjüngen zu wollen, »wird diese Beziehung keine Vertiefung erlangen«.

Von Max Liebermann ist eine wunderbare Anekdote überliefert: Als er 80-jährig mit einem gleichaltrigen Freund durch Berlin schlenderte und den beiden ein wunderschönes junges Mädchen begegnete, drehten sich die beiden Herren fasziniert nach ihm um. Liebermann soll gesagt haben: «Siebzig müsste man noch einmal sein.« Humorvolle Souveränität, kann man da nur sagen.

Aber: Könnte es in der Verbindung reifer Mann, blutjunges Mädchen in dem einen oder anderen Fall nicht einfach

»bloß« Liebe sein, die zwei zusammenfinden lässt, auch wenn sie mehr als 20 Jahre Altersunterschied trennt? Aber ja! Das bestätigen nicht nur bekannte Paare wie zum Beispiel der verstorbene Ex-Bundespräsident Johannes Rau und seine Frau Christina oder der auf der Insel Mainau lebende Graf Lennart Bernadotte und seine Gräfin Sonja. Weder brauchten diese Männer eine Frau als »Statussymbol« noch hatten es ihre Frauen nötig, vor dem Standesamt zu promovieren. Sie waren bereits vorher Persönlichkeiten, die den Mann an ihrer Seite nicht brauchten, um sich selbst aufzuwerten oder ein gutes Leben zu haben. Ich sehe das auch bei ganz »normalen« Paaren. An meiner Freundin Dagmar zum Beispiel, die mit Jürgen seit zwölf Jahren glücklich ist. Bei ihrer Heirat war sie 37 und erfolgreiche Marketingleiterin eines Großunternehmens, er 54. »Als ich sie vor 16 Jahren zum ersten Mal sah, war ich sofort beeindruckt. Sie war schon eine reife Persönlichkeit, dabei so sprudelnd und lebendig«, schwärmt er noch heute. Dagmar war beim Kennenlernen fasziniert von seiner Gelassenheit, Beständigkeit und dem Schuss »frecher Junge« in ihm. Sie ist es heute noch.

Frauen wählen anders

Natürlich darf der neue Partner gern drei, vier, fünf Jahre jünger sein als sie selber. Frauen sehen heute mit 50plus überwiegend jung aus und sind körperlich unglaublich fit. Deshalb sind fünf Jahre und mehr Altersunterschied optisch leicht auszugleichen. Was ist es dann, warum sie sich so selten mit jüngeren Partnern verbinden?

Abgesehen davon, dass es einfach weniger geeignete Kandidaten gibt – weil Männer passenden Alters eine Jüngere suchen (und bekommen) –, sind es im Wesentlichen diese Gründe:

Erstens: Die Verbindung zwischen einer älteren Frau und einem jüngeren Mann wird noch immer negativer bewertet als die Kombination älterer Mann und junge Frau, obwohl das gesellschaftlich-kulturelle Korsett in den letzten Jahren immer weiter aufgeschnürt wurde. Bestenfalls »dürfen« sich das – in den Augen der Gesellschaft – prominente Frauen »erlauben«. Jeder anderen Frau jedoch wird schnell sexuelle Motivation unterstellt (»die muss es ja nötig haben!«) und ihrem Partner eine Fixierung an seine Mutter.

Zweitens: Frauen fürchten, früher oder später wegen einer Jüngeren verlassen zu werden, was ihnen unausweichlich signalisieren würde: Du bist nicht mehr attraktiv. Oft lassen sie aber aus ganz pragmatischen Gründen die Finger von einem Jüngeren, weil sie sich den Stress nicht antun wollen, mit Frauen konkurrieren zu müssen, die zehn oder mehr Jahre jünger sind als sie, und weil sie keine Lust haben, sich wegen jedem neuen Fältchen, jeder neuen Cellulite-Delle in eine Sinnkrise zu stürzen. Neben einem älteren Mann sind und bleiben sie immer – die Jüngere!

Es gibt aber auch noch einen dritten Aspekt, der Frauen sehr wichtig ist: Gleiche Erinnerungen an die eigene Jugendzeit. Das Schwärmen für dieselbe Musik, dieselben Stars, dieselben Autoren, die Diskussionen und Demonstrationen über und für dieselben politischen Ziele und gesellschaftlichen Veränderungen. Dieses Gemeinsame kann ein sehr tragfähiges Konstrukt für eine neue Verbindung sein.

Bin ich noch schön (genug)?

Klar, wenn wir Frauen bloß nicht so kritisch wären! Für Soziologen und Gehirnforscher ist das eine längst entschlüsselte Tatsache: Bei Männern sind die Gehirnareale besonders aktiv, die visuelle Reize verarbeiten. Heißt im Klartext so viel wie: Je attraktiver die Frau, desto größer das Interesse an ihr. Ein bisschen bösartig formuliert, könnte man auch sagen, Männer können besser schauen als denken. Deshalb versuchen Frauen auch ein Leben lang, gut auszusehen. Von der bekannten amerikanischen Publizistin Susan Sontag stammt der Satz: »Männer bekommen interessante Linien, Frauen kriegen Falten.«

Dieses Gefühl »Ich-müsste-eigentlich-drei-Kilo-Abnehmen« begleitet die meisten Frauen über Jahrzehnte. Daran ist erst einmal nichts Schlechtes. Denn eine gesunde Eitelkeit und ein leicht kritischer Blick verhindern, dass wir uns gehen lassen. Es wird gesalbt, geschmiert, Yoga getrieben, Sport gemacht, eventuell sogar der Schönheitschirurg bemüht. Dennoch wird der Blick in den Spiegel spätestens nach dem 50. Geburtstag immer kritischer. Überkritisch. Wird der Body nach allen Schwächen abgescannt: Hier ein Fältchen, dort auch schon eines, Haut und Busen nicht mehr so straff wie früher, die Taille nicht mehr so schmal, auf einmal ungewohnte Pölsterchen an Hüften, obwohl man Sport treibt und vernünftig isst. Die ersten grauen Strähnen ... Der größte Feind könnte in seiner Beurteilung nicht unbarmherziger sein.

Und plötzlich die Angst, für einen neuen Partner nicht mehr begehrenswert zu sein, schon gleich gar nicht, wenn es um Sex geht. Werbung und die Medien vermitteln uns tagtäglich, dass Attraktivität mit Jungsein gekoppelt ist.

»Irrtum«, wehrt die bekannte TV-Ärztin Marianne Koch, 74, ab. »Der Körper wird vielleicht nicht schöner, er wird anders … Man sollte sich einfach nicht gefallen lassen, dass man als 65-Jährige mit den 20-Jährigen verglichen wird.« Sie plädiert dafür, dass jedes Alter seine eigenen Schönheitsbegriffe haben sollte, bei der nicht die glatte Schönheit zählt, sondern Ausstrahlung, Lebenslust, Charme, Interessantsein und eine erotische Aura.

Und das alles haben die heutigen Frauen mit über 50 im Übermaß. Auch Sie! Nicht umsonst haben einige internationale Kosmetik-Konzerne ihre einstmals puppenhaft aussehenden jungen Models wieder vor die Kamera geholt. Warum? Weil sie heute das zeigen, was Frauen in der Lebensmitte ausstrahlen: eine mit den Jahren reifer gewordene Schönheit, Gelassenheit, Stärke und erotische Ausstrahlung.

Und ganz nebenbei – auch ein 50-jähriger Mann hat nicht mehr den Körper eines Adonis, den ein 20-Jähriger hat. Er schaut ihn nur weniger »feindlich« an wie wir den unseren.

Männer besitzen andere Spiegel

»Frauen haben ein pessimistisches Selbstbild«, so der Psychologe und Gehirnforscher Hans Georg Häusel, »Männer ein euphorisches.« Seiner Meinung nach liegt das am Testosteron, das Männer fit macht für Dominanz und Konkurrenz. Will heißen: Männer werden selten von Selbstzweifeln über ihr Äußeres geplagt. Was ihnen aus dem Spiegel entgegenblickt, erfüllt sie offensichtlich mit tiefster Zufriedenheit. Daran hindern sie weder eine schlechte Rasur, ungepflegte Zähne, Schmerbauch unter engen T-Shirts, Hemden, die nie mit einem Bügeleisen in Kontakt kommen, Flecken auf zerknautschten Hosen, Socken in Sandalen, Trauerränder unter den Nägeln, konsequente Ignoranz von Deos – für viele von ihnen sind das Attribute der Männlichkeit. Diametral dazu steigen ihre Ansprüche an das Äußere ihrer Partnerin. Sie sollte doch wenigstens so attraktiv sein wie Senta Berger, Hannelore Elsner oder Iris Berben.

Zur Ehrenrettung der Männer in der zweiten Lebenshälfte möchte ich anmerken, dass ich während meiner Recherchen zu diesem Buch auch das Gegenteil erlebte: gepflegte Männer! Das trifft wohl auf das Gros dieser Altersgruppe zu. Ich gebe hier nur wieder, was viele meiner Gesprächspartnerinnen erlebten und Holger Reiners in seinem Buch »Best Age« im Hinblick auf seine Geschlechtsgenossen feststellt: »Mit Mitte 50 müssen wir uns entscheiden, ob wir noch körperlich attraktiv sein wollen. Viele lassen sich da hängen und pflegen sich nicht mehr.«

Einige der typischen »Klagen« möchte ich Ihnen nicht vorenthalten:

»Ich war bei unserem ersten Treffen auf einen Gentleman eingestellt, denn angeblich bekleidet er eine hohe Stellung. Da erwartet man doch Entsprechendes. Ich wollte erst gar nicht glauben, was ich da sah. Schlampige, verfleckte Hosen, ungewaschenes Haar. Und ich konnte buchstäblich riechen, wann er das letzte Mal unter der Dusche war.«

Rita, 52 Jahre

»Dass er einen Bauch hat, hätte ich ja vielleicht noch verkraften können. Aber warum versteckt er den nicht unter einem Hemd, sondern unter einem verschlissenen, engen T-Shirt?«

Sibylle, 59 Jahre

»Wir waren im besten Restaurant der Stadt verabredet. Für mich war selbstverständlich, dass ich mich entsprechend kleide und fein mache. Er sah aus, als wäre er eben aus dem Bett gestürzt und hätte in der Eile das Nächstbeste übergezogen. Dass er mit Messer und Gabel nicht richtig umgehen konnte, hat mich dann auch nicht mehr gewundert.«

Brigitte, 64 Jahre

»Heute gehen die Menschen nicht mehr davon aus, dass ihnen die große Liebe in den Schoß fällt.«

Familienforscherin Ruth Limmer,
Universität Bamberg

Machen Sie sich auf die Suche: Dem »Zufall« nachhelfen

Gestehen Sie sich ein, dass Sie sich verlieben wollen. Tun Sie so, als wären Sie es schon. Allein das Hochgefühl erhöht den Dopamin-Spiegel in Ihrem Gehirn. Das sorgt für seelisches Wohlbefinden und für eine tolle Ausstrahlung.

Ja, und dann gehen Sie auf die Suche. Geben Sie eine Annonce in der Zeitung auf, loggen Sie sich in entsprechende Programme im Internet ein oder investieren Sie in ein Partnerschaftsinstitut.

Um Erfolg zu haben – wenn man die Suchaktion selbst initiiert – ist eines ganz wichtig: ein *gutes Selbstmarketing*. Will heißen, Sie müssen sich so gut wie möglich präsentieren: Was macht Sie aus? Was ist das Besondere an Ihnen? »Ich bin«, »ich habe«, »ich kann«, »ich will« – dieses »Sichverkaufen« beherrschen Männer wesentlich besser als Frauen (das haben sie ja im Beruf lange genug geübt!). Weibliche Wesen sind wesentlich kritischer mit sich, bescheidener, zurückhaltender, vermeiden, was nach Angabe aussieht – ganz im Gegensatz zu Männern, die ganz selbstbewusst mit ihren Pfunden wuchern: mein Haus, mein Pferd, mein Swimmingpool.

Eine gute Selbstpräsentation lässt sich nicht in zwei, drei Zeilen abhandeln. Eine Annonce à la »Powerfrau sucht Powermann, ca. 55-62 Jahre alt, sportlich, Nichtraucher, häuslich veranlagt« – können Sie sich sparen. Die bringt nichts, außer mit fast hundertprozentiger Sicherheit unbrauchbare Zuschriften. Auch die Wahl der Zeitung ist nicht unwesentlich. Möchte ich einen Partner aus der Region, kann man sich eine Annonce in überregionalen Zeitungen (wie *Süddeutsche Zeitung*, *Die Zeit*, *Die Welt*) sparen, wenn ich sicher bin, aus meinem Dorf, meiner Stadt im Bayerischen Wald, in Friesland oder im Schwarzwald nicht wegziehen zu wollen. In solchen Fällen sind lokale Zeitungen die richtige Anlaufstelle. Suche ich aber »den« Partner, egal wo er im Moment lebt, dann empfehlen sich Zeitungen mit großer Reichweite.

Lassen Sie sich eine »Headline« einfallen, also einen Satz, der Aufmerksamkeit erweckt. Sie sind nämlich nicht bloß eine »sympathische Mittfünfzigerin/Mittsechzigerin«, sondern eine Frau mit Ausstrahlung, Lebenserfahrung, eine Powerfrau, jung im Kopf und im Herzen. Eine, die nicht mit irgendeinem Partner zufrieden ist, sondern mit einem ganz bestimmten. Dann, verkaufen Sie sich bitte auch als eine solche! Und formulieren Sie genau, was Sie suchen. Aber bleiben Sie, was Ihre Person betrifft, bei der Wahrheit. Lügen haben auch hier kurze Beine, die spätestens beim zweiten Date auffliegen. Geben Sie sich nicht als Kultur beflissen aus, wenn Sie das Kino mehr mögen als Theater oder Oper; nicht als weit gereisten Gentleman, wenn Ihre Ferien Sie nicht weiter als auf die Kanaren oder Mallorca geführt haben. Die Vorliebe für Kino, Kanaren und Mallorca ist ganz in Ordnung. Nur – stehen Sie dazu!

»Suche netten Herrn bis ca. 65 Jahre für gemeinsame Unternehmungen. Bei Zuneigung könnte mehr entstehen. Ich bin 56 Jahre, sportlich, Nichtraucherin, liebe Theater und Kino.«

Auf eine solche Annonce werden Sie sicher viele Zuschriften bekommen. Aber es werden wenige darunter sein, die Sie wirklich ansprechen.

Warum? Sie haben lediglich einen »netten Herrn« gesucht, ohne zu präzisieren, was Sie wirklich von ihm wollen – außer dass Sie an gemeinsamen Unternehmungen interessiert sind. Und Sie haben auch zu wenig von sich selbst preisgegeben. 56 Jahre alt, an Theater und Kino interessiert, Nichtraucherin – okay, aber was sagt das wirklich über Sie aus? Wer Sie sind? Über Ihre Vorstellung von Ihrem künftigen Partner? Herzlich wenig.

Lust auf Reisen, guten Lebensstil? Dann schreiben Sie an eine attraktive Akademikerin, dunkelhaarig, 55/1,72, sportlich (Golf, Tennis), feminin, sinnlich. Sucht humorvollen, großzügigen Gentleman, Nichtraucher, der Zärtlichkeit und Geborgenheit bietet.«

Schon wesentlich besser. Das gibt in etwa eine Vorstellung von Ihnen und dem, was Sie von Ihrem zukünftigen Partner erwarten.

Es wäre schön, wenn Sie, ein sensibler Herr, mit mir die Jedermann-Aufführung in Salzburg erlebt hätten. Es wäre schön, wenn Sie mit mir durch den sonnendurchfluteten Englischen Garten spazierten. Es wäre schön, sich mit Ihnen im Senioren-Studium neues Wissen anzueignen und uns darüber auszutauschen. Es wäre schön, mit Ihnen zu all den Plätzen zu reisen, die ich noch nicht gesehen habe oder die ich wieder sehen möchte. Es wäre schön, füreinander da zu sein, trotz getrennter Wohnungen. Schön auch, dass ich finanziell unabhängig bin und Sie auch. Es wäre schön, wenn Sie mir schreiben würden, einer Lady, 63, vital, schlank, sportlich, musisch interessiert.

Sympathisch, unaufdringlich, aber sehr konkret haben Sie umrissen, was ein Mann bei Ihnen erwartet und was Sie von ihm erwarten.

Männer drücken sich meist weniger blumig, eher noch direkter aus. Beispielsweise so:

»Bin ein charmanter, sympathischer und gut aussehender, gepflegter Unternehmer, Mitte 60, NR, 1,78 und verwitwet. Geschäftlich bin ich noch aktiv, bin gut situiert, naturverbunden, liebe Kurzreisen, gutes Essen an schönen Orten und was sonst zu zweit Spaß macht. Ich lebe allein mit meinem Vierbeiner, bin ortsgebunden und Sie müssten mein Umfeld akzeptieren ... Ich bin auch anspruchsvoll, was meine Wunschdame betrifft und suche eine attraktive und schöne Partnerin mit Niveau und guten Umgangsformen, warmherzig, temperamentvoll, gebildet, elegant ...«

Diesen Mann kann man sich gut vorstellen. Auch die Partnerin, die er sucht. Er gibt viel von sich und seinen Lebensumständen preis und er weiß genau, wie seine neue Partnerin sein soll.

Je exakter Sie Ihr Inserat abfassen, desto eher treffen Sie die richtige Zielgruppe (das trifft auch für die Suche im Internet zu!). Aber es wird die Zahl der Zuschriften einschränken. Doch: Was wollen Sie mit Waschkörben voller Zuschriften, wenn die wenigsten für Sie in Frage kommen? Dann lieber nur fünf, die in die engere Wahl kommen, als fünfzig, die in Ihnen nur marginales Interesse erwecken.

Selber annoncieren oder lieber auf Annoncen schreiben?

Selbst eine Annonce aufzugeben, hat Vorteile: Sie können sich entspannt in Ihrer Sofa-Ecke zurücklehnen und die Zuschriften ebenso entspannt sortieren. Sie können reagieren oder eben auch nicht (wurden Fotos mitgeschickt, sollten Sie diese auch wieder zurückschicken!). Um zutreffende Bewerbungen zu bekommen, müssen Sie jedoch Ihre Annonce sehr prononciert aufsetzen, sich klar ausdrücken, wer und was Sie sind und wer und was der andere sein soll.

Beantworten Sie eine Annonce, treten Sie aus der Anonymität heraus. Sie erzählen von sich, wissen aber nicht, welcher Person Sie das anvertrauen, welcher Mann, welche Frau hinter dieser Annonce steckt. Da gilt es, genau abzuwägen, gerade genug zu erzählen, dass der andere einen Eindruck von Ihnen bekommt und Interesse entwickeln kann. Aber: Meldet er sich nicht, erfahren Sie nie, wem Sie da geschrieben und sich anvertraut haben.

Suche im Internet

Das Internet gilt als die Kontaktbörse Nummer eins. Besucht man nur spezielle Flirt- und Kontaktseiten, kostet das Surfen noch nichts. Aber selbst das Einloggen in spezielle Vermittlungsangebote hält sich finanziell in Grenzen. Eine Kurzzeit-Vermittlung ist meist unter 200 Euro zu bekommen. Der Nachteil: Es fehlt – wie bei den Zeitungsannoncen – das »Gegenüber«. Es fehlt der persönliche Eindruck durch Augenschein. Dass man nach Strich und Faden angelogen werden kann, liegt auf der Hand. Deshalb sollte man bei der ersten Kontaktaufnahme versuchen, so viel wie möglich vom anderen zu erfahren: Wofür interessiert er sich? Was denkt er über Themen, die uns interessieren?

Vermittlung durch ein Partnerschaftsinstitut

Sie ist ohne Zweifel die teuerste Variante der Partnersuche. Zwischen 2000 und 20000 Euro für eine Mitgliedschaft von drei bis zwölf Monaten sind fällig. Erfolg *nicht* garantiert (der ist allerdings auch bei Zeitungsannoncen oder bei der Internet-Suche nicht garantiert, nur kommt man dabei billiger weg!). Auch wenn diese Unternehmen damit werben, wenigstens »2000 Damen oder Herren« in ihrer Kartei zu führen – lassen Sie sich davon nicht beeindrucken. Papier ist geduldig!

Der große Vorteil eines Vermittlungsinstituts liegt in der Tatsache: Wer hier einen Vertrag unterschreibt, ist ernsthaft an einer Partnersuche interessiert – die möglichen Kandidaten ebenfalls. Davon kann man ausgehen. Sonst würden sie von dieser finanziellen Investition eher Abstand nehmen.

Aber klar: Auch sie gehen auf Kundenfang. Sie müssen ja schließlich auch von was leben.

Wie kann es gut weitergehen?

Es ist sicher richtig, beim ersten Telefonat so viel wie möglich von Ihrem Bewerber/Ihrer Bewerberin zu erfahren: Wie ist sein persönliches Umfeld, seine Familiensituation, wofür interessiert er sich, wie stellt er sich seine Zukunft vor, was erwartet er von einer Partnerschaft, wie kann er mit seinen Gefühlen umgehen und und und ... Dasselbe gilt auch für den Austausch per Mail.

Die Realität jedoch kann ganz anders aussehen. Der einfühlsame, kulturell interessierte, sportlich ambitionierte Mail- oder Chat-Partner entpuppt sich möglicherweise als eine völlig andere Person: Er hat den Mund einfach zu voll genommen – für unsere Begriffe (vielleicht haben wir ihn einfach nur »falsch« gesehen!). Die »sympathische, attraktive Sie, mit Lust auf die große Liebe, auf Golf und Wohnen im Süden« könnte sich als langweilige Person entpuppen. Lassen Sie ihn bzw. sie in Frieden ziehen.

Experten raten deshalb, sich spätestens nach dem fünften Telefonat, der fünften Mail zu treffen, um gar nicht erst ein »Traumgebilde« von einem Partner, einer Partnerin entstehen zu lassen, in das man alle Sehnsüchte und Erwartungen hineininterpretiert. Bei Partnervermittlungen sind – sofern es sich um seriöse Unternehmen handelt – baldige Begegnungen ohnehin vorgesehen.

Das erste Date

Beides ist möglich: Fiasko oder Glücksgriff. Mal abgesehen davon, dass zwei Partner einfach nicht kompatibel sind, selbst wenn alle Vorzeichen bis zum ersten Zusammentreffen auf Erfolg standen – das kann passieren. Fürs Kennenlernen gibt es ein paar ganz klare Regeln:

- Das erste Treffen sollte nicht in der eigenen Wohnung stattfinden, sondern an einem neutralen Ort.
- Um sich zu beschnuppern, reichen 30 bis 60 Minuten aus. Eine Fortsetzung kann ja vereinbart werden.
- Sich am Nachmittag zu treffen, auf einen Kaffee und ein Stück Kuchen, ist unverfänglich. Ein Abendessen könnte schon mühsamer sein, wenn man sein Gegenüber nicht so rasend interessant findet.
- Wägen Sie gut ab, was Sie über sich und Ihre Familie erzählen möchten. Auf die Probleme, die Sie mit Ihren Kindern/Enkeln haben, können Sie auch noch bei Ihrem dritten, vierten Rendezvous zu sprechen kommen. Schließlich suchen Sie keinen Psychologen oder Lebensberater. Beschränken Sie sich lieber auf allgemeine Informationen über Ihr bisheriges Leben. Und hören Sie genau hin, was der andere über sich erzählt. Haken Sie freundlich nach, wenn Ihnen manches seltsam vorkommt.
- Spielen Sie nicht die Coole, wenn Sie eine warmherzige Frau sind, nicht den Überflieger, wenn Sie es beruflich nicht in eine Top-Position geschafft haben. Diese Rollen halten Sie ohnehin nicht lange durch bzw. Sie werden relativ schnell enttarnt. Resultat: Vergeudete Zeit und ein mieser Nachgeschmack. Haben Sie das nötig? Nein!
- Vertrauen Sie Ihrer Intuition, also Ihrem Bauchgefühl. Das sagt Ihnen deutlich, ob Ihr Gegenüber ein zweites, drittes Date wert ist. Intuition, sagen Hirnforscher, ist konzentrierte Lebenserfahrung!
- Auch wenn Sie ziemlich schnell wissen, dass Sie Ihr Gegenüber kein zweites Mal treffen wollen – behandeln Sie ihn oder sie so, wie Sie behandelt werden möchten: fair, höflich, freundlich. Der andere kann schließlich nichts dafür, dass er Ihnen nicht gefällt.

Du entschuldige i kenn di,
bist du net die Klane,
die i schon als Bua gern g'habt hab ...

Peter Cornelius

E-Mail für Dich

Beate, 51, Journalistin, verheiratet, drei Töchter.
Harald, 55, Psychologe und Maler, getrennt lebend,
eine Tochter, ein Sohn.
Sie sind seit eineinhalb Jahren ein Paar.
Kontakt: Geburtstagsgruß an den Ex.

Beates Geschichte

37 Jahre habe ich Harald nicht mehr gesehen. Ich war seine erste große Liebe. Ich war damals 13, er 17 Jahre alt. Wir haben uns am Skilift kennen gelernt. Er hat mich sehr beeindruckt durch seine Eloquenz und Zielstrebigkeit. Wir wohnten beide auf dem platten Land, rund 100 Kilometer auseinander, und die Verkehrsverbindungen waren miserabel. Das war ein Grund, warum das mit uns nicht geklappt hat. Der andere, dass er mit einem Mädchen geschlafen hatte. Für mich war das einfach unvorstellbar. Er sagte, er liebe mich, schläft aber mit einer anderen! Ich wollte ihn nicht wiedersehen. Ich war einfach noch zu sehr Kind. Seine spannenden Liebesbriefe habe ich aufgehoben, sie aber nie wieder gelesen. Er schrieb so kluge Sachen, hat über vieles reflektiert. Und was habe ich gemacht? Zurückgeschrieben, dass ich heute eine Mathearbeit versaut oder zwei Stunden Vokabeln gepaukt habe. Wir agierten verbal nicht auf selber Augenhöhe.

Ich habe meine Ausbildung gemacht, geheiratet und drei Töchter bekommen, darunter Zwillinge. Meine Töchter sind heute 19 und 17 Jahre alt. Viele Jahre lief unsere Ehe gut, aber irgendwann ging mein Mann auf emotionalen Abstand zu mir. An eine andere Frau habe ich nicht gedacht, eher an berufliche Sorgen. Vielleicht waren wir uns auch deshalb fremd geworden, weil ich mich sehr entwickelt habe, auch spirituell. Und dazu hatte mein Mann keinen Zugang. Bis ich durch Zufall dahinterkam, dass er seit sieben Jahren eine Freundin hatte. Sie leitete seine Firma in Frankreich. Er hatte dort öfter zu tun. Bei ihr hat er das bekommen, was ich ihm nie gegeben habe: Bewunderung.

Ich wollte sofort die Scheidung, aber mein Mann hat mich gebeten, das noch einmal zu überdenken. Eine Therapie hat uns nicht mehr in das Traumpaar zurückverwandeln können, das wir einmal waren. Bei mir waren nur noch freundschaftliche Gefühle für ihn da. Wir dachten, wir könnten trotzdem zusammenbleiben, bis die Kinder aus dem Haus sind.

Aber ich habe gemerkt, dass ich immer kraftloser wurde. Meine Lebensfreude, mein Elan – nichts davon war mehr da. Ich war seelisch nicht gut drauf, als ich im vorletzten Dezember die Homepage eines befreundeten Kollegen im Internet suchte, der eben verstorben war. Er trug denselben Nachnamen wie Harald. Also habe ich weiter gegoogelt, neugierig, ob ich wohl auf seinen Namen stoßen würde. Ich wurde fündig.

Aha, er ist also doch Künstler geworden, dachte ich mir. Da drei Tage später sein Geburtstag war, schickte ich ihm eine kurze Mail, um ihm zu gratulieren. Da ich nicht sicher war, dass er sich an mich nach knapp 40 Jahren überhaupt noch erinnern konnte, schrieb ich ihm: Ich bin die von damals ... Seine Antwort kam postwendend: Wenn ich bei dir einen Geburtstagswunsch frei hätte, würde ich mir wünschen, dass du mir mehr schreibst über dich und dein Leben. Vier Wochen später leitete er ein Kultur-Event in seiner Heimatstadt und lud mich und meine Familie dazu ein. Ich fuhr alleine hin. Bis dahin hatten wir uns täglich mindestens fünf sehr emotionale Mails geschrieben. Ich war sehr neugierig, sehr aufgeregt. Was für ein Mann steht mir gegenüber? Als ich ihn sah, habe ich mich erschreckt, wie unglücklich er war. Sein Gesichtsausdruck, sein Outfit – nichts passte zu seinen Mails. Aber es war der Moment, an dem mein neues Leben anfing.

Haralds Geschichte

Es hat mir fast das Herz gebrochen, als Beate mich 17-Jährigen verlassen hat, nichts mehr von mir wissen wollte. Sie war meine erste große Liebe. Ich habe zwei Jahre später einen Pakt mit dem Schicksal geschlossen: Wenn es will, dass wir beide wieder zusammenfinden, dann werden wir uns wiederfinden. Und bin über ein Wochenende an ihren Heimatort gefahren, bin durch die Straßen gegangen, am Skilift angestanden, in der Hoffnung, sie »zufällig« zu sehen. Aber sie hatte den Ort schon verlassen.

Ich studierte, heiratete, wir bekamen zwei Kinder, die heute 19 und 17 Jahre alt sind. Beate war vergessen. Aber vor vier Jahren war sie plötzlich wieder ganz präsent. Ich war auf dem Jakobsweg, um den Kopf frei zu kriegen und Auswege aus vielen ungelösten Problemen zu finden. Meine Ehe war am Ende. Wir hatten uns innerlich voneinander verabschiedet. Aber wir haben Kinder, für die wir da sein wollen. Es hat mich selber erstaunt, dass und warum ich einer Mitpilgerin die ganze Geschichte mit Beate erzählte. Aber ich wäre nicht auf die Idee gekommen, nach ihr zu suchen. Dass sie mich fand, das ist wirklich ein Zeichen von oben. Als sie vor mir stand, dachte ich, alle Sterne funkeln auf einmal. Was für eine wunderbare Frau! Was für ein Geschenk des Himmels! Ich habe noch nie eine solche Frau gekannt!

Ihre gemeinsame Geschichte

Beide werden sich von ihren Partnern scheiden lassen.

Beate: Ich will nicht wieder heiraten, aber ich finde es konsequent, sich scheiden zu lassen. Ich möchte frei sein für alles. Harald wird auch nicht in mein Haus einziehen, solange die Kinder noch mit mir leben. Ich kann mir zwei getrennte Wohnungen sehr gut vorstellen.

Beates Kinder haben sich gut mit Harald arrangiert. Sie mögen ihn. Seine Kinder tun sich mit der neuen Situation noch ein bisschen schwer. Der Sohn hätte es lieber, wenn die Eltern zusammenblieben. Die Tochter findet die Trennung der Eltern zwar auch schlimm, gestand Beate aber kürzlich: Ich sehe ja, dass Papa wieder glücklich ist.

Wer den Kampf nicht aufgeben will, ist Beates Mann. Er lässt kein gutes Wort an »diesem Malerfürsten«, auch gegenüber den Kindern nicht. Für ihn ist er der Böse, der seiner Frau den Kopf verdreht hat.

Die Knackpunkte

Beate: Wir haben mehr Streit und Auseinandersetzungen mit Tränen auf beiden Seiten, als es je in meiner Ehe gab. Ich stamme aus einer Streitfamilie und wollte das meinen Kindern nicht antun. Deshalb habe ich mich sehr zurückgehalten, war geradezu harmoniesüchtig. Bei Harald musste ich erst einmal lernen, Wünsche und negative Gefühle klar zu formulieren: Ich möchte gern ..., ich würde mich freuen, wenn ..., es tut mir weh, wenn ...

Harald: Sprich direkt, ist unser oberstes Credo. Klartext ist wichtig, auch auf die Gefahr hin, dass es dem anderen wehtut oder er verschnupft ist. Sonst landen wir in einer Sackgasse.

Beate: Es gab am Anfang auch jede Menge Missverständnisse. So hat es Harald zum Beispiel nicht ausgehalten, wenn ich mich umdrehte, einfach so, ohne Grund, denn das hat seine Frau immer gemacht, wenn sie eine Diskussion beenden wollte. Wir schauen unsere Altlasten genau an. Die Qualität unserer Beziehung ist ein Geschenk. Es ist eine große Gnade, sich in diesem Alter noch einmal so verlieben zu können. Ich weiß heute, was es bedeutet, bedingungslos zu lieben. Wir sind seelenverwandt.

Harald: Ich bin sicher, es ist Bestimmung, dass wir uns gefunden haben.

Was könnte das Glück gefährden?

Beate: Dass wir in unserer Achtsamkeit nachlassen, den achtsamen Umgang miteinander vernachlässigen. Es ist nichts selbstverständlich. Auch wenn ich dem anderen schon zigmal gesagt habe: Ich liebe dich. Ich muss es immer und immer wieder tun.

Wäre dieses Glück auch schon vor 30 Jahren möglich gewesen?

Nein, sagen beide unisono.

Harald: Die Jahre davor waren nötig, damit sie so werden konnte, wie sie heute ist und ich, wie ich heute bin.

Beate: Ich hätte seine Stärke nicht zugelassen, er sie bei mir nicht. Wir sind beide starke Persönlichkeiten und haben uns jeweils Partner ausgesucht, die sich in die schwächere Position haben treiben lassen. Aber heute kann ich mich fallen lassen, muss nicht mehr die Stärkere sein. Ich fühle mich so sehr als Frau wie noch nie zuvor.

Amor auf dem Christkindlmarkt

Peter, 66, Architekt im Ruhestand.
Seit 37 Jahren verheiratet, seit 17 Jahren getrennt lebend
und seit 3 Jahren mit Ingrid, 63, liiert.
Ihr Mann starb vor 5 Jahren an Krebs.
Kontakt: Single-Club

Peters Geschichte

Ausgerechnet ein Single-Club hat mir Glück gebracht, dabei sind mir solche Institutionen eher ein Graus. Eine Bekannte, die diesen Club gründete, hatte mich monatelang bedrängt, doch mal zu einem Treffen zu kommen, denn es herrschte dort ein großer Frauenüberschuss. Ich habe mich breitschlagen lassen, eine Reise zum Christkindlmarkt nach Nürnberg mitzumachen. Wir waren zu fünft, ich der einzige Mann. Ingrid fiel mir sofort auf. Hat die schöne rote Haare, schoss es mir durch den Kopf. Sie hat mich nicht besonders beachtet. Irgendwann waren wir aber plötzlich nur zu zweit, die anderen haben wir im Gewühle des Christkindlmarktes verloren. Auf dem Weg zurück zum Bahnhof haben wir viel miteinander geredet. Was machst du denn so? Und haben gemerkt, dass wir viele gemeinsame Interessen haben.

Das war an einem Sonntag. Am nächsten Tag bin ich für eine Woche zum Skifahren gegangen, was lange vorher geplant war. Aber am Donnerstag war wieder Single-Treffen. Da dachte ich, du musst was tun, die Frau darfst du nicht mehr auslassen und bin Donnerstagabend schnell nach München zurückgefahren. Ingrid war zwar bei dem Treffen, aber sie war so von ihren Freundinnen in Beschlag genommen, dass ich nicht zum Zug kam. Als ich mich verabschiedete, hab ich gefragt: Darf ich dich mal anrufen, gibst du mir deine Telefonnummer? Sie hat einen ganz roten Kopf gekriegt, mir aber ihre Nummer aufgeschrieben.

Ich war selbst ziemlich überrascht über mich, denn ich hatte mich damit abgefunden, dass ich nicht beziehungsfähig bin. Immerhin bin ich die 17 Jahre nach der Trennung von meiner Frau gut alleine zurechtgekommen. Es gab einige Beziehungen, die aber nie länger als rund ein Jahr dauerten. Wichtig ist für mich eine Beziehung, in der beide ihre Wohnung behalten. Im Idealfall wohnt einer im Dachgeschoss, der andere im Erdgeschoss. Zudem habe ich meine gesamte Freizeit mit Sport verbracht. Von 52 Wochenenden im Jahr war ich mindestens 27 zum Skilaufen, Paddeln, Radeln, Bergsteigen, Segeln. Ich konnte mir einfach nicht vorstellen, dass eine Frau das mitmacht. Abstriche wollte ich aber auch keine machen. In dem Alter hat jeder seine Marotten, die er pflegt. Mit denen ist man ja gut ausgekommen. Was Neues haut da nicht mehr hin. Das Thema war für mich erledigt.

Das alles habe ich Ingrid damals in Nürnberg erzählt. Sie hat nur zugehört, nichts darauf gesagt.

Als wir uns ein paar Tage später in einem Restaurant trafen, war ich so aufgeregt wie zum letzten Mal als junger Mann. Ich habe vor Nervosität mit den Ellbogen die Tischdecke immer mehr zu mir her gezogen. Beim nächsten Treffen habe ich sie zu Hause abgeholt und ihr statt Blumen eine Tüte selbst gebackener Plätzchen gebracht. Da hat sie gestaunt. Ich habe mit allen Tricks gearbeitet. Beim Nachhausebringen lud sie mich noch auf ein Bier ein. Und da hat mich gleich zweimal der Schlag getroffen. Ingrid hat bei der Einrichtung ein Faible für Weiß. Das finde ich nicht so toll. Ja, und dann habe ich ihre Bilder gesehen. Ich hatte eben einen Kurs für Aquarellmalerei belegt, hielt mich schon für ein bisschen begabt. Aber da war mir klar: Das erreiche ich nie! In dieser Nacht hatte ich Albträume in der Nacht, schwor mir: Ich rühre keinen Pinsel mehr an. Hab ich bislang auch nicht mehr getan.

Bald darauf sind wir ins Kino gegangen und saßen in einer Loge wie zwei Teenager mit 16. Ich durfte für 30 Sekunden ihre Hand halten und in der U-Bahn hat sie mir zum Abschied die Wange hingehalten. Anlass zur Hoffnung!

Ich bin dann über die Feiertage zum Skifahren gestartet, bin aber zwischendurch für eine Nacht wieder zurück nach München, ihretwegen.

Mir war längst klar: Ingrid ist die Frau, die du immer gesucht hast. Das ist die gleiche Wellenlänge. Für mich hatte es keinen Zweifel gegeben, dass das fortdauern würde.

War das überraschend, sich noch einmal gefühlsmäßig so engagieren zu können?

Das habe ich nicht mehr für möglich gehalten. Ich konnte mir eine Zweckgemeinschaft vorstellen, in der man sich hilft, füreinander da ist, gemeinsam etwas unternimmt. Aber da sind die Schmetterlinge nur so geflattert. Das hat mich dann doch überrascht. Es war auch kein einseitiges Bemühen oder Strampeln, ich merkte, die Resonanz ist da. Die Ingrid sieht mich gern und schmust mit mir so gern wie ich mit ihr.

Ingrids Geschichte

Nach dem Tod meines Mannes konnte ich mir nicht vorstellen, dass es noch einmal einen Partner für mich gibt und schon gar nicht, dass er in diesem Haus lebt.

Aber als ich Peter kennen lernte, hat sich das so einfach ergeben und ich habe das richtig schön gefunden. Zwischendurch habe ich aber auch immer wieder Ängste gehabt und gedacht, was machst du denn da? Wird das gut gehen? Aber wenn ich ihn gesehen habe, war das immer so eine Einheit. So stimmig. Da sind diese Bedenken wieder verflogen. Ich war froh, wenn er da war, und konnte mir irgendwann vorstellen, dass er für ganz da ist.

Nein, bei mir hat es nicht so schnell gefunkt wie bei Peter. Ich habe mir am Tag unseres Kennenlernens in Nürnberg wirklich nichts aus ihm gemacht. Ich fand ihn einfach nett.

Die Schmetterlinge sind auch bei mir gekommen, aber das hat eine Weile gedauert, ich denke, mindestens vier Wochen später. Wir waren ein paar Mal im Kino, haben eine Bergtour zusammen gemacht. Und auf einmal habe ich gespürt, dass da viel Gemeinsames ist und dass wir überhaupt nicht damit fertig wurden, uns viel zu erzählen. Wir haben von Anfang an viel gelacht. Und auf einmal hat es gefunkt. Wir lachen auch heute noch viel.

Ihre gemeinsame Geschichte

Am meisten hatte Peter Bedenken, ob Ingrids Tochter und deren Mann ihn akzeptieren würden. »Ich habe den Vergleich zu ihrem verstorbenen Vater gefürchtet«, gibt er offen zu. Aber alles ging gut. Die Tochter meinte zwar, dass es für sie eigenartig sei, ins elterliche Haus zu kommen und dort einen anderen Mann zu sehen als ihren Papa. Ingrid: »Ich habe ihr gesagt, dein Vater bleibt immer dein Vater. Aber das ist mein neuer Partner.« Auch den Test bei den jeweiligen Freunden haben beide bestanden.

»Ich habe Ingrid allen vorgestellt mit den Worten: Das ist mein großes Glück.«

Ingrid lacht: »So bin ich noch nie bezeichnet worden. Ich denke, dass man das im Alter mehr schätzt, als wenn man das als junge Frau gesagt bekommt.« »Ich hätte meine Freunde aufgegeben, wenn sie Ingrid nicht akzeptiert hätten«, sagt Peter. Für Ingrid wäre eine solche Situation sehr viel schwieriger gewesen, denn »meine Freunde sind mir sehr wichtig«.

Die erste Bewährungsprobe gab es im vorletzten Sommer. Peter träumte schon lange von einer vier- bis sechswöchigen Reise im Wohnmobil bis zur Stiefelspitze Italiens. Ingrid, die seit ihren Pfadfinderjahren kein Interesse mehr am Zelten oder ähnlich alternativen Unterkünften hatte, sperrte sich erst, dann sagte sie: »Ich probier's!« Und kam nach Wochen total begeistert von dieser Reise zurück. Und im letzten Sommer von einer Tour durch den Nordosten

Deutschlands: »Peter bereitet diese Reisen sehr sorgfältig vor, liest viel darüber und das animiert mich natürlich auch, selbst zu recherchieren. Wir haben viel gesehen, viel unternommen und hatten jede Menge Spaß«, resümiert Monika.

Hätte ihr diese Art von Urlaub nicht gefallen, würde Peter den Wohnwagen sofort verkaufen, wenn auch schweren Herzens. Aber er ist froh, dass es so gut lief. »Dieses gemeinsame Erleben ist wunderbar«, sagt Peter. »Wenn ich früher oft alleine mit dem Motorrad unterwegs war, hat mir eine Partnerin schon gefehlt, denn ich konnte mich niemandem mitteilen, nicht erzählen, was ich erlebt habe. Das hat mich manchmal schon traurig gemacht.« Auch einen Segelurlaub mit seinen Kumpels hat Ingrid »gut weggesteckt«, wie Peter es formuliert. »Muss aber nicht mehr dringend sein«, gibt sie freundlich zurück.

Der Knackpunkt

Zwar ist Peter mit Socken, Hemden und Schuhen in Ingrids Haus eingezogen. Doch für vieles, an dem er hängt, ist dort kein Platz. »Stimmt nicht«, widerspricht Ingrid, »ich habe ein ganzes Zimmer für dich frei geräumt.« Peter baut eben den Speicher seiner Wohnung aus, um all die Dinge unterzubringen, an denen er hängt. »Ich bin ein Sammler. Ich müsste sonst alles wegwerfen.«. Dann wird er die Wohnung möbliert weitervermieten. So kann er sich eine Rückzugsmöglichkeit offen halten, würde Ingrid vor ihm sterben, denn das Haus werden Tochter und Schwiegersohn erben. »Ein lebenslängliches Wohnrecht für mich darin ist ja gut und schön, dann wäre die Immobilie für die Kinder aber nur noch die Hälfte wert, sollten sie in einen finanziellen Engpass kommen«, stellt Peter ganz sachlich fest.

Hätten Sie sich vor 30 Jahren ineinander verlieben können?

Peter: Sicher. Ich wünschte mir, Monika schon damals kennen gelernt zu haben. Wir wären eine Familie geworden, hätten Kinder gehabt, jetzt vielleicht auch Enkel. Ja, das stelle ich mir sehr schön vor. Mit meiner Frau ging der Kinderwunsch leider nicht in Erfüllung. Ich habe heute noch ein gutes Verhältnis zu ihr, mag sie immer noch gern. Wir haben uns einfach auseinanderentwickelt.

Ingrid: Mit 25? Das kann ich nicht beantworten. Ich hatte damals ganz andere Vorstellungen. Wenn ich dran denke, wie dumm ich damals war! Peter ist ganz anders als mein verstorbener Mann. Als er starb, ging eine Welt für mich unter. Ich habe mich mit dem Alleinsein sehr schwer getan. Unsere Ehe war gut, wir hätten uns freiwillig nie getrennt. Mein Mann war ernsthaft, wenig spontan und konnte seine Gefühle nicht gut zeigen. Das hat mir oft sehr gefehlt. Trotzdem war ich überzeugt: Das ist der Mann, mit dem ich alt werden möchte. Mit Peter lebe ich ein ganz anderes Leben. Ich kann viel mit ihm lachen und verrückte Sachen machen. Er ist spontan, geht auf meine Ideen ein, schaut, dass es mir gut geht. Durch ihn hat sich für mich alles total verändert, zum Guten. Dafür bin ich sehr dankbar.

Gesellschafterin gesucht – Ehefrau gefunden

Sofia, 86, und Georg, 93.
Beide waren verwitwet und sind seit fünf Jahren miteinander verheiratet.
Kontakt: Suchanzeige

Sofias Geschichte

Das Inserat in der Zeitung fand ich sehr interessant. Georgs Tochter suchte jemanden, der ihren sehbehinderten Vater nach dem Tod seiner Frau ab und zu ins Theater begleitet, Spaziergänge macht oder vorliest. Auf meinen Brief bekam ich bald eine Einladung von der Tochter, doch zum Kaffee vorbeizukommen. Ich erinnere mich noch, dass ich bei diesem Treffen ganz viel gesprochen habe, Georg fast gar nichts. Er hat mich immer nur angeschaut. Und dieser Blick hat mich einfach getroffen. Ich war damals schon seit 13 Jahren Witwe. Ich suchte keinen neuen Partner, nur eine Aufgabe. Aber ich habe schnell gemerkt, dass Georg ein bisschen Feuer gefangen hatte. Und dass er mir auch nicht gleichgültig war, habe ich so nach zwei, drei Wochen gemerkt. Ich hatte ihn zum Arzt gefahren und der sagte nach der Untersuchung zu ihm: Ihre Frau wird auf Sie aufpassen. Und Georg antwortete: »Das ist nicht meine Frau!« Das hat mich richtig verletzt. Warte, dachte ich, das zahle ich dir heim! Am darauffolgenden Wochenende fuhren wir in ein nettes Restaurant im Grünen. Georg wollte mich da zum ersten Mal küssen. Aber ich dachte mir: Dich lass ich noch eine Weile zappeln. Als die Bedienung fragte: Was darf ich Ihrer Frau zum Trinken bringen, habe ich ganz deutlich gesagt: »Er ist nicht mein Mann!« Dieses Stückchen Rache musste einfach sein und danach war es auch gut.

Kurze Zeit später war uns beiden klar, dass wir zusammengehören. Damals konnte Georg noch selbständig Bus fahren und kam mich öfter besuchen. Wir wohnten einige Kilometer voneinander entfernt, aber ich war häufig in seinem Haus.

Zu meinem nächsten Geburtstag, das war im August 2000, hat er mir dieses Gedicht gewidmet, das nicht nur mich, sondern auch meine Familie sehr angerührt hat.

Liebe Sofia

Nach sechzig langen Ehejahren
Ließ meine Frau mich ganz verzagt zurück.
Nur wer den Schmerz schon hat erfahren,
weiß, was mir fehlt zu meinem Glück.

Da ist einer, sehgeschädigt und verlassen,
der Partner sucht zum Reden, Wandern und
zum Bier –
Grund genug für Sofia, den Entschluss zu fassen:
Lieber Mann, ich helfe Dir.

Bei einem Plausch im kleinen Rahmen
Auch meiner Tochter Sofia sehr gefiel,
weil wir dem offenen Gespräch entnahmen:
Die hat Gemüt, Niveau und Stil.

Vorbei die tristen Wochenenden –
Sofia braust mit mir durchs Land,
wie eine Junge kann sie lenken –
in ihrem Alter wirklich allerhand!

In diesem Kreis will ich ihr danken,
die mich betreut, da ich halb blind –
ich bin so froh, dass wir uns fanden,
hoch lebe das Geburtstagskind!

Auf diesem Fest fragte meine Cousine: Wenn ihr euch so mögt, warum heiratet ihr dann nicht?

Ja, warum eigentlich nicht, habe ich zu Georg am Abend gesagt. Und er antwortete nur: Das machen wir! Ich sagte aber trotzdem: Überleg es dir gut!

Meine beiden Töchter waren ziemlich sprachlos, als ich von unseren Heiratsplänen erzählte. Ob ich dazu nicht schon zu alt sei. Ich sagte: Ich bin alt genug, um Entscheidungen zu treffen und jung genug, um mit den Folgen leben zu können.

Heute sind sie glücklich, dass wir beide zusammen sind. Auch Georgs Tochter freut sich darüber.

Georgs Geschichte

Was ich dachte, als ich Sofia zum ersten Mal sah? Das ist eine liebe Frau, mit der kann man leben. Eigentlich habe ja nur eine Gesellschafterin gesucht, aber sie war vom ersten Moment an mehr für mich. Mir war schon nach einigen Treffen klar, dass ich in sie verliebt bin. Dass sie die Frau ist, mit der ich gern zusammen bin und die ich vermisse, wenn sie nicht da ist. Als sie mich fragte, was ich denn übers Heiraten dächte, war ich sofort Feuer und Flamme. Und rund zwei Jahre nach unserem Kennenlernen sind wir zum Standesamt und zwei Tage später in die Kirche. Ich denke, dass der kirchliche Segen bei einer Eheschließung dazu gehört.

Der Pfarrer hat aus der »Hochzeit von Kana« zitiert. Das war wunderschön.

… Dem Bräutigam wird vorgeworfen, dass er den guten Wein bis zuletzt aufgehoben hat. Er verteidigt sich nicht, er schweigt. Er ahnt, dass im gemeinsamen Leben der eheliche Wein von Tag zu Tag köstlicher wird und immer auch des weiteren Reifens bedarf …

(Auszug aus der »Hochzeit von Kana«)

Das mit Sofia ist einfach ein großes Glück. Jeder Tag ist ein neues Zusammensein und ein neues Glück.

Ihre gemeinsame Geschichte

Sofia zog ins Haus von Georg. Viel ist darin nicht verändert worden.

Stört es Sie nicht, dass Sie im Ambiente leben, in dem Ihr Mann mit seiner verstorbenen ersten Frau lebte?

Sofia: Nein, damit habe ich keine Probleme. Sie war eine gute Frau. Und wenn wir ihr Grab besuchen, sage ich ihr immer: Agnes, ich nehme dir nichts weg. Ich sorge gut für ihn.

Gibt es irgendwelche Reibungspunkte in Ihrem tagtäglichen Leben?

Sofia: Mein Mann hat keine Macken, wir haben noch nie gestritten.

Georg: Sofia ist so lieb zu mir, warum soll es da Unstimmigkeiten geben? In unserem Alter hat man auch einfach keine Zeit mehr zum Streiten. Wir genießen jeden Tag aufs Neue.

Hätten sie sich in jungen Jahren ineinander verlieben können?

Sofia: Ja, vielleicht. Georg ist ein ganz anderer Typ als mein verstorbener Mann. Mit ihm gab es öfter Zoff, aber eigentlich nur wegen des Geschäfts. Ja, und dann waren ja auch noch die Kinder, die wir großgezogen haben. Da gab es Sorgen und Probleme. Das alles fällt heute weg. Georg und ich können heute nur füreinander da sein und wir tun das auch.

Georg: Darüber habe ich mir noch nie Gedanken gemacht. Sofia ist impulsiver in der Liebe. Sie geht auf mich zu. Agnes war eine liebe Frau, aber spröder. Sie hat sich gern lieben lassen, hat mir seltener gezeigt, dass sie mich liebt. Aber sie hatte es ja auch nicht leicht in ihrem Leben. Sie hat unsere Tochter alleine großziehen müssen, weil ich erst im Krieg und dann lange in Gefangenschaft war.

Sofia: Georg sagt mir jeden Morgen beim Aufwachen etwas ganz Liebes. Und wenn wir abends so dasitzen, sagt er mir oft: Ich habe dich lieb. Und ich kann dann wirklich aus vollem Herzen sagen: Ich habe dich auch lieb, Georg.

Per Mausklick ins Glück

Theresa, 53 Jahre, Geschäftsfrau.
Nikolaus, 51 Jahre, Banker.
Beide geschieden, seit einem Jahr verheiratet.
Kontakt: Online-Partnerschaftsvermittlung

Theresas Geschichte

Ohne meinen Scheidungsanwalt wäre ich nie auf die Idee gekommen, einen neuen Partner zu suchen und schon gar nicht im Internet. Es war eine friedliche Trennung von meinem ersten Mann. Wir haben sehr jung geheiratet. Unsere Tochter war damals unterwegs. Es war weniger Liebe als eine wirklich gute Freundschaft. Ich war beruflich sehr ehrgeizig, auch erfolgreich. Mein Mann hat das eher ein bisschen lockerer angehen lassen.

Seit unserer Scheidung waren vier Jahre vergangen. In dieser Zeit habe ich mir meinen Traum erfüllt: einen Optikerladen im Wiener Nobelvorort Hitzing. Das hat mich sehr ausgefüllt. Nebenbei habe ich mich viel um Tiere im Heim gekümmert und um einen depressiven Freund, der sich dann das Leben genommen hat. Das war ein großer Schock für mich. Als ich meinen Scheidungsanwalt zufällig wiedertraf, fragte er mich: »Warum bestrafen Sie sich mit Einsamkeit?«

Kurz danach habe ich mich bei einer Online-Partnervermittlung angemeldet. Irgendwie war ich dann doch neugierig, welche Männer ich dort treffen könnte. Zur gleichen Zeit hat sich auch mein Mann eingeloggt. Jeder von uns bekam 34 Zuschriften und jeder von uns hat nur auf zwei geantwortet. Eine davon kam von meinem jetzigen Mann. Dem anderen habe ich sofort geschrieben, dass ich einen lieben Menschen getroffen habe. Dabei hatte ich Nikolaus noch nicht gesehen, nicht mal ein Foto von ihm. Ich wollte auch keines haben, denn ich wollte mich überraschen lassen, wie er aussieht, wenn wir uns begegnen würden. Wir haben uns häufig gemailt und stellten viele Gemeinsamkeiten fest. Auch dass wir uns schon vor 20 oder gar 30 Jahren hätten begegnen können, denn wir waren häufig zur selben Zeit an den gleichen Ferienorten.

Telefoniert haben wir nur zwei Mal. Dann kam eine SMS: Bin am Traunsee, bitte komme! Ich bin ins Auto gesprungen und bin 250 km durch die Nacht gefahren. Um Mitternacht kam ich auf dem Parkplatz an, auf dem er auf mich wartete. Es war stockdunkel. Es stand auch nur noch ein einziges Auto da, ein Rangerover.

Er stieg aus: 1,90 m groß, 108 Kilo schwer, schlohweißes Haar, gut aussehend, tiefe, angenehme Stimme. Und was machte dieser Mann? Er nahm mich einfach in die Arme! Es war so viel Vertrautheit und Nähe da. Ja, dachte ich, genau so habe ich mir das vorgestellt.

Und seither sind wir zusammen. Wenn man so viel Nähe spürt, dann muss man nicht lange überlegen. Wir sind mit großer Ehrlichkeit miteinander umgegangen, haben uns gegenseitig die Frage gestellt: Was erwartest du von einem gemeinsamen Leben? Wir haben auch ganz konkret unsere finanziellen Situationen offen gelegt. Es muss nicht jeder Cent 50:50 berechnet werden, aber im großen Ganzen muss eine Balance da sein. Ich hätte nie einen Partner genommen, bei dem ich wusste, da kann ich nicht mit. Lieber hätte ich noch mehr und intensiver gearbeitet, um mich selbst durchbringen oder mithalten zu können. Ich habe das Gefühl, all das, was wir jetzt haben, das Haus in Wien, die Wohnung in Gmunden, die Jagdhütte in den Bergen, ist nicht seins und nicht meins. Es ist unseres.

Im Februar 2006 haben wir uns das Ja-Wort gegeben und im Sommer für alle Freunde und die Familie ein großes Fest gegeben auf einer Burg, die einmal meinen Vorfahren gehörte.

Nikolaus Geschichte

Die Szene auf dem Parkplatz könnte man eigentlich fast schon mystisch nennen. Es war neblig, stockdunkel. Ich war neugierig auf sie, ich wusste ja nicht, wer mir da entgegenkommt. Ein Foto hatte ich nicht von ihr. Ich mochte ihre Stimme am Telefon, ihren Witz, ihre Ausdruckskraft, wusste, dass wir gemeinsame Interessen haben. Mehr aber nicht. Als sie dann vor mir stand, spürte ich ganz viel Wärme. So richtig kann ich das nicht beschreiben, es waren einfach ganz viele Gefühle da.

Es war das erste Mal, dass ich mich in eine Online-Partnerschaftsvermittlung einloggte. Ich lebte nach der Scheidung von meiner Frau, mit der ich 30 Jahre zusammen war, vier Jahre allein und eines Abends habe ich am PC gesessen und war neugierig, was das ist, wovon mir Kollegen in der Bank erzählten, die das schon ausprobiert hatten.

Theresa und ich mailten viel, telefonierten wenig und nach zwei Wochen war mir klar: Wir müssen uns sehen. Ich habe ihr spontan eine SMS geschickt und war froh, dass sie ja sagte.

Das war Ende Oktober und im Februar darauf haben wir geheiratet. Anlässlich der Feier meines 50. Geburtstags in Salzburg hatte ich vor, ihr einen Antrag zu machen, wollte sie ganz formell fragen. Aber sie kam mir zuvor und sagte: Nikolaus, ich würde mir wünschen, dass du mein Mann wirst. Da konnte ich nur noch sagen: Ich wollte dich heute fragen, ob du meine Frau werden willst.

Zur Hochzeit habe ich mir gewünscht, künftig ihren Familiennamen tragen zu dürfen. Diesen Wunsch hat sie mir erfüllt. Auf unsere Hochzeitskarten ließ Theresa schreiben: »Wenn aus Liebe gemeinsames Leben wird, trägt das Glück einen Namen.« Ich bin sehr stolz auf ihren Namen. Unsere Eheringe tragen ihr Familienwappen.

Ihre gemeinsame Geschichte

Sie haben in Wien ein kleines Haus, das Nikolaus gehört, nach ihrer beider Vorstellung umgebaut und eingerichtet. Viel Altes blieb darin erhalten, viel Neues kam hinzu. Sofia hat die Jägerprüfung abgelegt, denn Nikolaus ist ein begeisterter Jäger. So oft es ihre Zeit erlaubt, verbringen sie ein Wochenende in ihrer Jagdhütte in 1000 m Höhe – ohne Strom und fließendes Wasser. Beide stehen fest im Berufsleben. Aber zwei Tage die Woche gehören ihnen beiden ganz allein. Beide lieben Klassik und Jazz. Und Nikolaus das Kochen. Unser gemeinsames Abendessen ist uns heilig, sagt Sofia. Ihm ihr Klavierspiel. Sofia konvertierte zum Protestantismus, nicht Nikolaus zuliebe, auch nicht weil sie sich in der Organisation aufgehoben fühlt, sondern willkommen in der Gemeinde. »Ich ziehe viel Kraft aus meinem Glauben«, sagt sie, auch aus der Begegnung mit der Natur und aus dem Autogenen Training, das sie seit 30 Jahren tagtäglich praktiziert. »Deshalb bin ich auch immer gut gelaunt.«

Neue Freunde sind zu ihnen gestoßen, von einigen alten haben sie sich distanziert. Sofia: Viele halten unser Glück einfach nicht aus. Ich hätte nicht gedacht, dass gerade unter Freundinnen der Neid so groß ist.

Nikolaus: Alte Freunde erinnern auch ständig an das, was war. Aber das ist vorbei. Wir haben etwas Neues angefangen.

Die Knackpunkte

Theresa: Es waren nicht nur rosa Zeiten. Wir haben beide eine Vergangenheit aufzuarbeiten. Mir fällt das ein bisschen leichter als Nikolaus. Er ist halt ein richtiger Kopfmensch. Es sind auch schon Tränen geflossen. Manchmal werden bei

Gesprächen oder bestimmten Formulierungen alte Wunden aufgerissen, ohne dass das einer von uns gewollt hat. Aber wir reden dann darüber und ich bin glücklich, dass wir reden können.

Nikolaus: Ich habe noch viel aufzuarbeiten. Eine 30-jährige Beziehung wischt man nicht einfach weg, die prägt einen jungen Menschen. Das ist anders, als wenn man sich in späteren Jahren begegnet. Meine erste Frau war alkoholkrank. Ich habe ihr immer helfen wollen. Heute habe ich eine gute Beziehung zu ihr, sie hat auch wieder einen neuen Partner. Wir haben keine Kinder zusammen. Das bedaure ich sehr. Aber Theresas Tochter ist heute auch meine Tochter und die Enkelin auch die meine.

Theresa: Seine ehemalige Partnerin sieht mich als Konkurrenz. Aber ich habe ihr die Hand gereicht, denn sie hat mir einen wunderbaren Mann geschenkt!

Hätten sie sich vor 30 Jahren ineinander verlieben können?

Nikolaus: Ja. Ich wollte eine Frau, die im Leben steht, Verantwortung übernimmt, selbständig ist. Das ist für mich wichtig. Sofia weiß, was sie will. Das schätze ich sehr. Auch das Impulsive an ihr. Ich bin eher verschlossen. Wir ergänzen uns sehr gut. Ich habe in ihr einen Menschen gefunden, mit dem ich auf einer intelligenten Basis kommunizieren kann. Und der Sex ist schön.

Sofia: Vielleicht hätte ich einen Menschen wie Nikolaus nicht so schätzen und lieben können, weil mir dazu sicher noch die Erfahrung gefehlt hat. Wir gehen respektvoll und achtsam miteinander um. Wenn ich mein Leben mit jemandem teile, muss ich reflektieren, überlegen, wie ich das mache oder ob es anders besser wäre. Aber ich tu das nicht nur für ihn, sondern auch für mich. Erst dann ist es stimmig für uns beide. Es wird Liebe bis zum Ende sein.

Verkuppelt werden? Warum nicht!

Freunde und Kollegen meinen es wirklich gut, kommen aber meist nicht gut an, wenn sie versuchen, zwei Singles zusammenzubringen. Allein schon die Erwähnung, der oder die ist was für dich lässt bei den Betroffenen alle Rollläden unverzüglich runterfahren. Wer möchte schon verkuppelt werden?! Allein das Wort »kuppeln« impliziert, dass die Betreffenden offensichtlich unfähig sind, sich selbst einen Partner zu suchen, schlimmer noch: überhaupt an den Mann bzw. die Frau zu bringen sind. Das kränkt.

Aber Hand aufs Herz. Ist letztlich nicht alles Kuppelei, was wir unternehmen, wenn uns der zukünftige Liebste/die Liebste – leider – nicht beim Bäcker vor die Füße stolpert, im Supermarkt den Einkaufswagen in die Achillesferse rammt, nicht zufällig den Sitz neben einem im Flieger oder Zug einnimmt? Alles Anlässe, um mehr oder weniger nett ins Gespräch zu kommen. Nicht selten lebenslänglich. Beispiele gäbe es genug für derartige glückliche »Zufälle«.

Wenn uns der Zufall im Stich lässt, was dann? Jede geplante Aktion, ob Zeitungsannonce, Vertrag beim Partnervermittler oder Einklinken in entsprechende Internetseiten, sind nichts anderes als eine Vorstufe der Kuppelei. Was machen wir denn anderes, als auf Angebote zu hoffen, dass einem ein passender Partner »zugeführt« wird?

Wir sitzen in der Sofaecke und sortieren die Zuschriften auf unsere Annonce – wie bei Aschenputtel: die guten ins Töpfchen, die schlechten ins Kröpfchen – entweder nach rechts oder nach links. Links wandert in den Papierkorb, rechts wird näher angeschaut. Ein feines, aber probates Raster. Bei Partner-Vermittlungen werden Anforderungsprofile erstellt und bei Online-Vermittlungen machen fein ausgeklügelte Fragebogen ein sogenanntes »Matchingverfahren« erst möglich. Das heißt, auch hier wird der Weizen von der Spreu getrennt, indem bestimmte Parameter abgeglichen werden. Was nichts anderes bedeutet, als dass Gemeinsamkeiten der Suchenden abgeklopft werden. Je mehr Gemeinsamkeiten – Lebensumstände, soziale Herkunft, Bildung, Einkommen, Zukunftspläne – , desto größer die Chance, dass sie zueinander passen.

Ja – und was machen unsere Freunde? Im Grunde nichts anderes. Sie kennen uns mindestens so gut (von ihrer Subjektivität mal abgesehen), wahrscheinlich noch besser als jeder professionelle Vermittler, ob der die Daten nun handverliest oder per Computer abgleicht.

Warum sollte man also nicht den Freunden die Dienste des »Vermittlers« überlassen, schon gar, wenn man aus beruflichen, zeitlichen oder familiären Gründen wenig Zeit und Gelegenheit hat, sich selbst auf dem Markt zu präsentieren? Man bewegt sich im Freundeskreis in dem Umfeld, das man auch vom künftigen Partner erwartet.

Sozialpsychologische Studien der Universität Wuppertal bestätigten erst jüngst wieder eine alte Binsenweisheit: Das Bedürfnis nach einem ähnlichen Background bestimmt die Partnerwahl mehr als alles andere.

Im Grunde suchen die meisten Menschen sich den Partner aus, den ihre Eltern oder Freunde für sie ausgesucht hätten, so die Erfahrung der Paartherapeutin Dr. Eva Schäufele. Eltern und Freunde lassen instinktiv die Finger davon, den introvertierten, intellektuellen Bücherwurm im Elfenbeinturm mit der kosmopolitischen, extrovertierten Lady zusammenbringen zu wollen. Und schon gar nicht mit der Ankündigung: Übrigens, ich kenn da jemanden, der würde gut zu dir passen. Eine solche Bemerkung entmündigt den Betreffenden und der macht verständlicherweise »zu«. Freunde haben auch ein feines Gespür für den richtigen oder falschen Zeitpunkt für den Kuppelversuch. Sie warten geduldig ab, bis die seelischen Wunden, die eine Trennung geschlagen hat, bei den »Opfern« verheilt sind.

»Ich kenn da jemanden ...«

Lisbeth, 62, Sozialpädagogin, Single.
Justus, 66, Bildhauer, geschieden. Seit drei Jahren sind sie zusammen.
Kontakt: »Verkuppelt«

Lisbeths Geschichte

Meine Freundin Almut ist, na, wie soll ich es ausdrücken, ein richtiger Kümmerer-Typ, vielleicht auch ein bisschen harmoniesüchtig. Sie will immer, dass es ihren Freunden gut geht. Wir kennen uns schon ewig. Meine langjährige Partnerschaft war zerbrochen und ich brauchte unbedingt ein Pflaster auf meine wunde Seele. Ich ließ mich ein Jahr freistellen und engagierte mich für sechs Monate bei einem Jugend-Hilfsprojekt in Schwarzafrika. So etwas wollte ich schon immer machen, wollte das aber meinem Partner nicht antun.

Es hat Wochen gedauert, bis ich nach meiner Rückkehr wieder in meinem »alten« Leben war. Bis es soweit war, hat Freundin Almut sich sehr bemüht, mich »wieder zu resozialisieren«, wie sie es nannte.

Sie hatte schon lange Zeit zuvor einen Stammtisch gegründet, zu dem auch einige Künstler gehörten und zu dem ich unbedingt kommen sollte: »Da ist einer, der wäre ein guter Gesprächspartner für dich«, so ihre Worte. Kein Interesse meinerseits! Aber da sie ihren Geburtstag ausgerechnet an und mit diesem Stammtisch feiern wollte, bin ich hin, lernte auch den »guten Gesprächspartner« kennen. Von wegen »Gesprächspartner«. Dieser Mensch kriegte die Zähne nicht auseinander. Ich erzählte von Afrika, er schaute mich nur an, nickte ab und zu, stellte noch nicht einmal eine einzige Frage. Was für eine Schlaftablette! Dabei war er ein guter Typ, äußerlich zumindest. Sein »Inneres« konnte ich ja nicht erkunden, er schwieg ja nur sehr beredt. Nach einer Stunde verließ ich die Party. Ich hatte genug. Langweilen konnte ich mich auch alleine.

»Lass mich bloß mit dem in Ruhe«, fauchte ich am anderen Tag ins Telefon, als ich mich bei Almut für die Einladung bedankte und sie sich verwundert zeigte, dass ich das Fest so schnell verlassen hatte. »Wenn du mich schon mit einem Mann verkuppeln willst«, echauffierte ich mich, »dann nicht mit einem, dessen Vokabular sich auf ja, nein, wirklich, ah, interessant beschränkt.«

Almut versicherte mir, dieser Mensch sei normalerweise alles andere als »sprachlos«. Ach! Warum redete er dann nicht mit mir? Er hätte zumindest höfliche Konversation machen können. Oder sich anderen Gästen zuwenden. Kann man das von einem Mann dieses Alters nicht erwarten?

Bei unseren Telefonaten versäumte es Almut nie, mir zumindest kurz die Botschaft zu vermitteln: Justus fragt immer nach dir. Kein Interesse, knurrte ich in den ersten Wochen zurück. Irgendwann sagte ich: Dann soll mich dieser Kerl halt mal selber anrufen! Ja, so die Antwort von Almut, der traut sich aber nicht. Waaas, sagte ich, was soll ich denn mit einem Mann um die 60, der sich nicht traut, mich anzurufen??? Vergiss es!

Es verging noch eine Woche, dann war Justus am Telefon: Ich habe eine zweite Karte für ein Konzert. Hätten Sie Lust, mitzukommen? Ich sagte einfach, ja!

Die Crux: Die Karten für das Konzert waren längst ausverkauft, Justus hatte überhaupt keine. Das hat er mir aber erst gestanden, als ich im kleinen Schwarzen vor der Musikhalle stand. Ich war sekundenlang nicht sicher, ob ich ihm eine runterhauen oder einfach nur lachen sollte. Ich entschied mich fürs Lachen, wir lachten noch beim Essen bei seinem Lieblings-Griechen, lachten noch, als er mich bis vor die Haustür begleitete. Und was ich nie bei ihm vermutet hätte: Er redete und redete und redete. Heute wechselt sich das ideal ab, er kann schweigen – ich nenne das manchmal »mauern« – und er kann reden. Beides mag ich an ihm.

Justus' Geschichte

Wenn Lisbeth davon erzählt, dass ich an jenem Abend nichts geredet hätte, dann einfach deshalb, weil mich diese Frau sprachlos machte. Was sie so von ihrer Arbeit in Afrika erzählte, das hat großen Eindruck auf mich gemacht. Hätte ich auftrumpfen sollen und sagen, kommen Sie mit in mein Atelier und bewundern Sie meine Plastiken? Aber das war es ja nicht allein. Diese Frau hat einfach mein Herz berührt, anders kann ich das nicht ausdrücken. Ich war schon mehr als zehn Jahre geschieden und lebte eigentlich sehr zufrieden. Eine neue Liebe konnte ich mir nicht vorstellen, habe sie auch nicht gesucht. Almut hatte ein paar Mal zuvor versucht, mich mit einer ihrer Freundinnen zu verkuppeln. Das wollte ich nicht und wir hatten deshalb auch so manchen Streit. Ich brauche doch keinen Vermittler! Wenn ich eine neue Partnerin wollte, suche ich mir die doch selbst! Da Almut meine Aversion gegen ihre »Zusammenführungen« kannte, hat sie mir wohlweislich verschwiegen, dass sie an ihrem Geburtstag wieder etwas plante.

Und dann sitzt plötzlich diese Frau neben mir und ich dachte, Justus, jetzt spinnst du. Du verhältst dich wie ein pubertierender Junge. Sitz nicht da wie ein Stockfisch! Als sie sich nach kurzer Zeit verabschiedete, recht kühl übrigens, hat mich das wie ein Faustschlag in die Magengrube getroffen. Ich wusste, ich hatte mich einfach total blöde benommen.

Ich habe Almut immer wieder gebeten: Bring Lisbeth doch wieder zum Stammtisch mit. Aber sie sagte. Die hat keine Lust. Irgendwann gab sie mir wenigstens Lisbeths Telefonnummer. Ich bin gute zwei Wochen ums Telefon herumgeschlichen, wie ein Pennäler. Verrückt! Eine Einladung zum Essen würde sie wohl nicht annehmen, rechnete ich mir aus. Aber vielleicht eine ins Konzert? Ich habe wirklich alles auf eine Karte gesetzt: Top oder Flop. Das Problem war nur, als sie zusagte, gab es zu diesem Zeitpunkt keine Karten mehr für dieses Konzert.

Natürlich habe ich damit gerechnet, dass sie mich vor der Musikhalle stehen lässt, wenn ich ihr das beichten musste. Dann hätte ich mich wie ein liebeskranker Jüngling davongetrollt und wäre mir noch bescheuerter vorgekommen.

Aber sie hat einfach nur gelacht. Ich hätte sie am liebsten in den Arm genommen. Aber das traute ich mich erst viel später.

Ihre gemeinsame Geschichte

Sie lassen sich gegenseitig viel Freiraum, planen auch nicht, in absehbarer Zeit zusammenzuziehen. Beide brauchen ihre Rückzugsmöglichkeiten. Sie haben auch wenig gemeinsame Hobbys. Lisbeth ist sportlich, Justus eher nicht. Aber beide sind Leseratten und »Kunst-Junkies«, wie sie es nennen. Keine Ausstellung, keine Vernissage, kein Museum ist vor ihnen sicher. Nur schwärmen sie nicht unbedingt für die gleichen Autoren oder Künstler. Auch nicht für dieselbe Musik.

Lisbeth: Das finde ich manchmal sehr anstrengend, aber auch inspirierend. Durch Justus habe ich Zugang zu Bereichen gefunden, die mich vorher überhaupt nicht interessierten.

Justus: Wir haben uns diese Räume geschaffen: Ihren, meinen und unseren. »Unseren« pflegen und hegen wir, ansonsten besuche ich sie nach Lust und Laune in »ihrem« Raum oder sie mich in »meinem«. Ich kann es auch so stehen lassen, wenn sie einen Künstler oder Interpreten, den ich gut finde, mit einem Kopfschütteln abtut. Sie kann es umgekehrt auch.

Ihre Knackpunkte

Lisbeth: Justus ruht meiner Meinung nach manchmal zu sehr in sich. Er kann tagelang in seinem Atelier arbeiten, ohne den Wunsch, andere Menschen sehen zu wollen. Er vernachlässigt seine alten Freundschaften und möchte am liebsten mit mir alleine sein oder wenigstens alles mit mir gemeinsam erleben. Aber ich brauche den Austausch mit anderen. Ich brauche auch meine ›Mädelsabende‹.

Justus: Aber das habe ich doch längst akzeptiert. Lisbeth kann sich allen Freiraum nehmen, den sie braucht. Mir reichen eine Handvoll Menschen aus, mit denen ich kommunizieren möchte, ich muss auch nicht pausenlos ›action‹ haben. Dass sie in diesem Punkt anders gestrickt ist als ich, damit kann ich inzwischen gut umgehen. Am Anfang hat mich das sehr irritiert, manchmal auch deprimiert. Noch vor zwei Jahren habe ich an unserer Liebe gezweifelt, als sie vehement ablehnte, mit mir zusammenzuziehen. Heute weiß ich, genau das tut unserer Liebe gut.

Hätten sie sich vor 30 Jahren ineinander verlieben können?

Beide sind sich einig: Nein!

Lisbeth: Ich hätte ihm überhaupt keine zweite Chance gegeben.

Justus: Sie wäre mir einfach zu lebhaft gewesen und mir hätte auch die Toleranz gefehlt, sie so anzunehmen, wie sie ist. Mir wäre damals nicht klar gewesen, dass das eine Bereicherung für mein eigenes Leben sein könnte.

Stolpersteine auf dem Weg ins Glück

Vorstellungskraft ist wichtiger als Wissen.

Albert Einstein

Auf ausgetretenen Pfaden findet man selten Neues

Wenn Sie ausgehen, dann immer in Ihre Stammkneipe? Sie sind seit ewigen Zeiten im gleichen Fitness-, Kegel- oder Wanderclub, kaufen immer im selben Supermarkt, auf ihrem Lieblingswochenmarkt ein? Tanken immer an derselben Tankstelle? Bummeln auf eingefahrenen Pfaden durch Ihre Stadt? Bravo! Das ist die höchstmögliche Garantie, dass Sie dem Zufall so ziemlich alle Chancen verbauen. Denn mit einer Wahrscheinlichkeit von 90 Prozent kennen Sie all die Leute, denen Sie dort begegnen und die genau wie Sie das Terrain nach möglichen Kandidaten längst abgescannt und als ungeeignet weggeklickt haben. Sie schürfen im falschen »Claim« und werden wohl kaum Erfolg haben.

Wo würden Sie denn nach Gold schürfen? Etwa in Berlin-Mitte, auf dem Bodensee, auf einem alpinen Gletscher? Wohl weder hier noch dort, denn auch Ihnen ist klar, dass dort die Chancen, Nuggets zu finden, bei Null liegen. Sie fischen doch auch nicht im Karpfenteich, wenn Sie einen Goldfisch angeln wollen! Wer fündig werden will, muss in »Claims« buddeln, die von Goldadern durchzogen sind. Warum schürfen Sie dann irgendwo in der Wüste anstatt auf Erfolg versprechendem Terrain?

Machen Sie eine Kehrtwendung: Stecken Sie Ihren Claim neu ab: Neue Wege, neue Kneipen, neue Interessen, neue Hobbys. Wer sagt, dass beispielsweise Männer bei Qi Gong nichts verloren haben? Qi Gong ist gesund, auch für Männer, und in diesen Kursen gibt es einen großen Frauenüberschuss. Natürlich haben die wenigsten Frauen Lust darauf, einen platten Reifen an ihrem Auto selbst wechseln zu wollen. Macht nichts, aber man könnte es ja lernen, wenigstens pro forma: Zum Beispiel bei einem Pannenkurs eines Automobilclubs. Ist aber wenig Erfolg versprechend, wenn Sie den in einer »Frauengruppe« absolvieren. Sie wollen ja nicht wirklich wissen, wie man einen Reifen wechselt, sondern Männer kennen lernen. Denken Sie nicht, Sie würden in einem solchen Kurs keine Männer Ihres Alters mehr finden. Viele, denen nach dem letzten Arbeitstag kein Chauffeur oder kein Garagenmeister mehr zur Verfügung steht, haben jetzt Zeit und Interesse, sich selbst um ihr Auto zu kümmern. Oder die in einem Schleuderkurs lernen wollen, die Kurve richtig zu nehmen.

Es schadet auch nicht, sich dafür zu interessieren, »wie Fotos von der Kamera in den Computer kommen«. Dafür gibt es hervorragende Seminare für »Silver-Surfer«. Wenn Sie dabei nebenher noch lernen, wie man eine SMS verschickt – umso besser! Dann können Sie das mit den Fotos-in-den-Computer-Übertragen und das Simsen mit dem/der netten Kursteilnehmer/in gleich außerhalb der Schulstunden trainieren. Baumärkte sind übrigens auch eine fruchtbare »Wiese« für Frauen. Sie müssen keine Löcher in ihre Wände bohren wollen, um dort aufzutauchen, auch keine Dübel kaufen, aber sie können doch einen Kunden, der mit Kennerblick durch die Gänge eilt und der ihnen gefällt, fragen, ob diese Schrauben zu diesen Dübeln passen. Funktioniert nicht immer, aber ziemlich oft!

Eine Freundin von mir hat ihre späte große Liebe gefunden, indem sie im Supermarkt dem gut aussehenden Mann ganz schnell Ware in seinen Einkaufwagen schmuggelte, als seine Augen suchend über die Regale schweiften. Dann hob sie »ihre« Ware mit tausend Entschuldigungsgründen wieder heraus. Es hat geklappt! Sie kam ins Gespräch mit ihm. Der lieben guten Ordnung halber soll hier aber auch erwähnt werden, dass diesem geglückten Versuch mindestens 20 missglückte vorausgingen und sich die Freundin für ihre »Attacken« stets einen neuen Supermarkt aussuchen musste ...

Auch als »Gasthörer« oder »Senior Student« an der Uni kann man gute Kontakte knüpfen, ebenso an Volkshochschulen, wenn Sie sich nicht unbedingt »frauenlastige« Studiengänge aussuchen wie zum Beispiel Psychologie, Theologie oder Philosophie (es sei denn, Sie sind ehrlich mehr daran interessiert als an männlichen Gasthörern. Dann ist das aber auch eine andere Geschichte). Männer werden eher von Seminaren zum Thema Globalisierung und Weltwirtschaft angezogen.

Auch das könnte funktionieren: Streifen Sie durch Buchhandlungen, möglichst solchen, die »Lese-Inseln« bieten. Halten Sie Ausschau nach jemanden, der seine Nase tief in ein Buch steckt und der Ihnen gefällt, finden Sie den Titel heraus, greifen Sie sich ein gleiches Exemplar und sprechen Sie die Leseratte einfach an: Ich sehe, Sie sind von diesem Buch ganz fasziniert, mich interessiert es sehr. Wie finden Sie es?

Natürlich kann man sich auch eine böse Abfuhr holen. Vielleicht aber auch nicht, denn immerhin ist schon mal ein unverfängliches Gesprächsthema vorgegeben. Das ist ein guter Angelhaken. Der Fisch könnte anbeißen.

Warum uns das Glück manchmal meidet

Wir lassen nichts unversucht, eine wunderbare Lovestory mit Happy End erleben zu können. Doch häufig lässt uns das Schicksal zappeln, pflastert unseren Weg zum Siegertreppchen mit Steinen, großen und kleinen, die wir erst beiseiteräumen müssen. Und manchmal haben wir nur einfach Pech, dass wir über sie stolpern.

Denken wir zum Beispiel an diese:

- Im Moment unserer Partnersuche laufen nicht genug passende Männer bzw. Frauen frei auf dem Markt herum, die ebenfalls auf der Suche sind. Zwangsläufig findet man wenige oder gar keinen geeigneten Kandidaten.
- Der eine sucht im Internet, der andere per Annonce oder in einem Partnerschaftsinstitut. Wie sollen sie zusammenkommen?

Hier gibt es nur einen Rat: Es neuerlich zu versuchen, zu einem anderen Zeitpunkt, mit Hilfe eines anderen Mediums!

Die Hitliste der weiteren Stolpersteine führen an:

Ein guter Freundeskreis

Zu viele gute Freunde können die Partnersuche erschweren

Natürlich gibt es nichts Schöneres, als in einen guten Freundes- und Bekanntenkreis eingebunden zu sein. Das ist wichtig und trägt viel zur Lebensqualität und -freude bei. Aber das hat auch seine Kehrseite. Gerade weil wir uns nicht

»einsam« fühlen, Menschen um uns herum haben, mit denen wir vieles gemeinsam unternehmen, sind wir oft nicht so richtig aktiv am Suchen. Und verpassen sicher die eine oder andere Chance, jemanden »von außerhalb« zu treffen. Deshalb: Öfter mal alleine etwas unternehmen. Wir gehen dann mit einem ganz anderen Blick durch die Welt als im »Schutz« unserer Freunde.

»Produkttäuschung«

Der Kandidat/die Kandidatin entspricht nicht den Erwartungen

Einige mögliche Partner getroffen? Aber nur Frösche, die Sie nicht mal zu küssen versuchten? Nebenbei: Im Märchen »Der Froschkönig« hat die Prinzessin den Frosch entgegen des weit verbreiteten Irrglaubens gar nicht geküsst, sondern an die Wand geklatscht. Sie war eine sehr selbstbewusste und selbstbestimmte Person. Man muss aber nicht Prinzessin sein, um schon beim ersten Date zu erkennen, dass ein Kuss aus einer Kröte keine Lichtgestalt macht, von der man sich dann klopfenden Herzens ins Schloss heimführen ließe. Diese Ent-Täuschung trifft natürlich umgekehrt auch für Männer zu. Ihre Prinzessin kann sich in Wahrheit als Aschenputtel entpuppen. Zumindest in unserer Vorstellung, denn dort haben wir alle ein »Bild« von unserem Prinzen oder unserer Prinzessin verankert. Und dieses kann von der Wirklichkeit total abweichen.

Viele meiner Gesprächspartnerinnen beklagten das ungepflegte Aussehen von Männern beim ersten Treffen und manche Männer klagten darüber, dass Frauen bezüglich ihres Alters und ihrer Figur zu viel schwindeln.

»Auf dem Foto sah er noch ganz passabel aus. Aber plötzlich stand da ein Mittfünfziger vor mir mit einem Fünf-Tage-Bart, einem Ohrring und einem Anzug, aus dem er herausgewachsen war. Alles schon schlimm genug. Aber dann klafften da noch zwei Zahnlücken in seinem Mund. Ich konnte gar nicht richtig hinschauen. Und ausgerechnet so ein Mann erwartete von seiner künftigen Partnerin ein gepflegtes, parkettsicheres Auftreten. Da kann man ja nur noch weglaufen! Was denken sich solche Männer überhaupt?«

Barbara, 62 Jahre

»Hätte sie genau um die zehn Jahre jünger ausgesehen, wie sie angeblich war, dann hätte ich auch die zehn Kilo, die sie mehr drauf hatte, vielleicht übersehen. Vielleicht wären wir sogar ins Gespräch gekommen. Aber so bin ich einfach weggegangen, als sie auf unseren vereinbarten Treffpunkt zusteuerte. Sie rief mich danach an, wollte wissen warum ich nicht gekommen sei. Ich habe mich mit plötzlichen familiären Verpflichtungen feige aus der Affäre gezogen, wollte ihr einfach nicht die Wahrheit sagen. Sie hat sie ja auch verschwiegen.«

Werner, 58 Jahre

»Sie hätten das mal sehen müssen, wie der mich taxiert hat. Gab mir noch die Adresse eines In-Friseurs! Dafür hätte ich ihn schon beidhändig ohrfeigen können. Doch ich bin ganz ruhig aufgestanden und sagte nur knapp: Kaufen Sie sich einen Spiegel und schauen Sie da ganz genau hinein. Gott möge Ihnen dabei gnädig zur Seite stehen!«

Annette, 55 Jahre

»In ihrer Annonce stand, sie sei schlank. Aber was da aus dem Taxi stieg, könnte man bestenfalls als vollvollschlank

bezeichnen. Ich stehe nun mal auf schlanke Frauen. Das habe ich ihr bei unserem ersten Telefonat auch gesagt«.

Volker, 63 Jahre

Tja, dann war es Erfahrung, statt Offenbarung, wie es Hildegard Knef in einem ihrer berühmten Chansons formulierte. Einfach weitersuchen! Unter hundert Fröschen wird doch einer dabei sein, den an die Wand zu klatschen sich lohnt. Und unter hundert Aschenbrödeln wird eine echte Prinzessin stecken.

Wie wir unser Glück selbst sabotieren

Nicht immer ist das Schicksal schuld, wenn wir nicht weiterkommen. Häufiger als uns bewusst ist, werfen wir uns die Knüppel selbst zwischen die Beine. So zum Beispiel hier:

Überfrachtete Erwartungen

Wer »alles« will, geht leicht leer aus

Man will schlichtweg das Maximum, darunter macht man's nicht. Der neue Partner soll einem das Leben lebens- und liebenswert machen, ja geradezu vergolden. Er soll die gleichen Interessen teilen, den Freundeskreis beeindrucken, ihn oder sie schmücken, auf dem Parkett eine gute Figur machen, gleichzeitig aber auch ein verstopftes Abflussrohr beseitigen und über Politik und Literatur sachkundig parlieren können. Hand aufs Herz: Können Sie das alles – oder wenigstens die Hälfte davon? Nein? Dann willkommen im Club der normalen Menschen. Kein Mensch kann »alles«. Jeder hat seine Stärken, seine Schwächen, so wie Sie auch. Machen Sie sich mal die Mühe und fixieren Sie alle Erwartungen, die Sie an den Mann/die Frau an Ihrer Seite haben. Sie werden schnell feststellen, wie unrealistisch diese Wünsche sind, weil sie kein Mensch, auch ein liebender, nicht erfüllen kann.

Gehen Sie Ihre Anforderungsliste kritisch durch und haken Sie erst einmal alles ab, was unter »wäre-schön-wenn-auch-noch-vorhanden« läuft. Konzentrieren Sie sich auf jene Punkte, die für Sie in einer neuen Beziehung unabdingbar sind, also wirklich so wichtig, dass eine Partnerschaft ohne sie nicht funktionieren könnte. Sie werden feststellen, dass Ihre Liste auf eine überschaubare Zahl von unverzichtbaren Forderungen zusammenschrumpft. Das eröffnet ganz neue Blickwinkel. Denn der Mann/die Frau fürs Leben ist jemand, der nicht bloß zu uns passt – das wäre auf Dauer langweilig –, sondern einer, der gleichzeitig herausfordernd ist. Der ideale Partner ist nicht der, der unsere Wunschschablone ausfüllt (auch wenn wir uns das immer wünschen), sondern der, an dem wir wachsen und uns reiben können, der all die Seiten aus uns herauslockt, die wir bislang entweder nicht kannten oder haben brachliegen lassen.

Prinz Haakon von Norwegen brachte es in seiner Hochzeitsansprache an seine Mette-Marit auf den Punkt: »Du bringst alles zum Vorschein, was in mir steckt.«

Um das zu bewerkstelligen, bedarf es keines blaublütigen Prinzen oder im umgekehrten Fall keiner Königstochter. Es reicht schon, wenn wir es zum Beispiel schaffen, aus einem pflichtbewussten Menschen seine »Ich-kann-auch-mal-faul-sein«-Seite herauszukitzeln oder einem eher pessimistischen Partner das »Alles-wird-gut«-Gefühl zu vermitteln. Wir brauchen Menschen, der uns ermutigt, Schwächen und Ängste zu zeigen, sie zu leben, die wir bislang hinter der Fassade eines unerschütterlichen Selbstbewusstseins verbargen.

Einer, der uns zu einer Entdeckungsreise zu uns selbst (ver-)führt, an deren Ende wir sagen können: Oh, toll, das bin ich also auch?

Geben Sie sich und dem Anderen die Chance für einen zweiten Blick, auch wenn der erste (ent-)täuschte.

Vorschnell die Flinte ins Korn werfen

Der zweite Blick ist häufig der erfolgreiche(re)

Außer Sympathie nichts gewesen? Der Kandidat/die Kandidatin bringt es nur auf 60 statt auf 100 Punkte? Kein Kribbeln, kein Klick? Hmm. Das mag im Moment sehr entmutigend sein. Aber kein Grund, sofort aufzugeben. Die Liebe auf den ersten Blick gibt es, zugegeben, aber sie kann auch trügerisch sein. Für die Liebe auf den zweiten Blick müssen wir uns mehr anstrengen, indem wir Erwartungen und Erfahrungen mit den Gefühlen abgleichen, die wir diesem Menschen gegenüber empfinden, den wir jetzt neu kennen gelernt haben. Lassen wir uns Zeit, ihnen nachzuspüren, sie zu analysieren.

Wenn der Funke nicht gleich überspringt, »nur« Sympathie, Respekt und Vertrauen da sind, kann daraus viel entstehen – letztlich sogar Liebe. Selbst wenn die jeweils persönlichen Interessen nicht kompatibel zu sein scheinen, lassen Sie sich auf das Abenteuer ein, sich auf unbekannte Gefilde zu wagen – auf seine bzw. Ihre. Das können so banale Dinge sein wie zu einem Pferderennen mitzugehen, weil es dem anderen so wichtig ist. Oder die Pumps gegen die Wanderschuhe auszutauschen oder ein Bier in seiner urigen Stammkneipe zu trinken anstatt Wein bei Ihrem Nobelitaliener.

Der andere gibt Ihnen einen Einblick in seine Welt. Vielleicht macht sie Sie neugieriger oder mehr Spaß, als Sie dachten. Wenn nicht, was ist dann schon passiert? Sie haben Zeit investiert, die Sie vielleicht ohnehin nur vor dem Fernseher verbracht hätten. Oder mit Ihren Freunden. Aber dann hätten Sie auch nur jene Menschen getroffen, die Sie dort immer antreffen. Und – hätte Ihnen das neue Impulse gegeben? Eher unwahrscheinlich. Aber vielleicht hat sich durch diesen Menschen ein neues Blickfeld aufgetan, neue Interessen, ein neues Hobby. Denen können Sie ja nachgehen, auch ohne den Initiator. Es könnte ja sein, dass in diesem neuen Umfeld Menschen auftauchen, die Sie ansonsten nie kennen gelernt hätten. Und dass vielleicht einer davon zu Ihnen passt.

Wenn uns das Unterbewusstsein einen Streich spielt

Ihr Kopf will. Ihr Herz auch. Trotzdem klappt es nicht mit der Partnersuche? Und dann stellen Sie verwundert fest, dass Ihre Freundin, Ihr Freund, Ihr Kollege, Ihre Nachbarin sich neu verliebt haben, mühelos, wie es scheint, quasi so nebenbei. Das Gemeine: Die sind nicht schöner als Sie, nicht klüger, nicht jünger, nicht attraktiver und auch nicht geistreicher. Und – noch schlimmer – viele von ihnen haben noch vor Wochen getönt, sie könnten sich nicht vorstellen, sich jemals wieder zu verlieben. Und nun haben sie es doch. Sie (klein geschrieben)! Und nicht Sie!

Pech? Nicht unbedingt. Dass es manchmal nicht gleich klappt, kann – wie schon gesagt – an vielen Gründen liegen: Der falsche Zeitpunkt, der falsche Ort ...

Es könnte aber einfach auch daran liegen, dass wir dem Schicksal keine Chance lassen, unsere Wünsche zu erfüllen. Nämlich dann, wenn wir unser Selbstsabotage-Programm einschalten, hundertprozentig unbewusst und ungewollt.

Unser Kopf kann nichts für dieses Missmanagement, denn der ist auf Erfolg programmiert, ebenso wie unser Herz. Doch unser größter Gegenspieler ist unser Unterbewusstsein. Dieses kann uns heftig und erfolgreich einen Strich durch die Rechnung machen und zwar aus zwei Gründen:

1. Wir haben die falschen Glaubenssätze.
2. Wir sind noch in eine alte Partnerschaft verstrickt, die »kopf- und gefühlsmäßig« beendet ist, uns aber dennoch mehr manipuliert und uns von unserem neuen Glück abhält – mehr als wir uns das mit unserem Verstand ausmalen können.

Selbstsabotage-Programm Nr. 1: Glaubenssätze liefern uns frei Haus, was wir »bestellen«

Warum schaffen es die anderen – einen Partner zu finden – und wir nicht? Die Antwort ist verblüffend einfach: Das Glück bevorzugt den Glücklichen. Wie??? Erstens erschienen uns jene, die sich einen Partner angelten, bis dato auch nicht glücklicher als wir selbst. Und selbst wenn, dann denken wir zweitens, dass auch wir dieses Glück verdient hätten. Genau das jedoch ist der Knackpunkt: Wir »denken«. Aber in unserem Unterbewusstsein ist die Botschaft »Ich finde einen wunderbaren Partner, mit dem ich glücklich bin« oder »Ich habe es verdient, mit einem Partner glücklich zu sein und er mit mir« noch nicht angekommen. Dort sind seit Jahren Glaubenssätze konserviert (und noch höchst aktiv!), die so oder ähnlich lauten:

»Eigentlich muss ich ja dankbar sein, wenn sich ein Mann/eine Frau für mich interessiert.«

»Es wird eh wieder schiefgehen.«

»Er/Sie wird mich ohnehin gleich wieder verlassen, wenn er/sie feststellt, dass ich gar nicht so liebenswert bin.«

»Wer findet mich schon so toll, dass er mich bedingungslos lieben könnte?«

Diese Liste könnte man beliebig verlängern.

Lauter Glaubensbekenntnisse, die unser Handeln und Fühlen beeinflussen, ohne dass uns das richtig bewusst ist (denn wir denken ja positiv!). Das heißt: Unser Verstand, unser Wille hat oft andere, total konträre Vorstellungsbilder als unser Unterbewusstsein. Aber genau auf letztere kommt es an, denn sie sind weit wirksamer als alle unsere »Kopfbilder«.

Klingt zugegebenermaßen erst einmal verwirrend. Um das zu begreifen, muss man sich die (inzwischen wissenschaftlich längst bewiesene) Tatsache vor Augen führen, dass rund 85 Prozent unseres Denkens, Fühlens und Tuns von unserem Unterbewusstsein gesteuert werden und eben nur zu 15 Prozent von unserem Verstand, auch wenn wir für alle unsere Entscheidungen letztlich immer eine rationale Erklärung finden. Nur eines steht fest: Das Unterbewusstsein gewinnt gegen den Verstand. Immer!

So programmieren Sie Ihren Erfolg

Ich schließe meine Augen, um zu sehen.

Paul Gauguin

Enttäuschungen, schlimme Erfahrungen genauso wie Glücksmomente und Erfolge werden fest in unserem Unbewussten gespeichert, wie auf einer Computer-Festplatte. Daraus entstehen wirkungsvolle Vorstellungsbilder (Engramme), eben jene Glaubenssätze, die mit Gewissheit eines können: Entweder das Glück verscheuchen oder es anziehen.

Glücklicherweise lassen sich negative Engramme auch wieder löschen und gegen positive austauschen – indem man sie wie eine Kassette neu bespielt, wenn man einer Melodie oder eines Films überdrüssig geworden ist.

Visualisieren heißt das Zauberwort. Nach einigem Training ist das eine der leichtesten Übungen der Welt. Alles, was man dafür tun muss:

Erstens: Sich ganz entspannen. Denn das Unterbewusstsein ist nur im sogenannten »Alphazustand« ansprechbar. Dieser ist mit dem Zustand zu vergleichen, den wir kurz vor dem Einschlafen oder gleich nach dem Aufwachen erleben. Nur dann gelangen Vorstellungsbilder tief in unser Inneres, ohne dass der Verstand sie nach »Machbarkeit« prüft, zensiert und ihnen möglicherweise den Zugang verwehrt, weil »zu verrückt«, »zu unwahrscheinlich«, »zu hoch gegriffen«.

Zweitens: In dieser vertieften Entspannung muss man sich den erträumten Zustand ganz konkret vorstellen, genau so, als wäre er schon Wirklichkeit. Das hat zwei Gründe: Das Unterbewusstsein kann nur in Bildern »denken«, und es kann nicht zwischen Traum und Realität unterscheiden. Es nimmt jedes Bild für real und tut alles dafür, diese »Wirklichkeit« aufrechtzuerhalten. Es ist ihm auch egal, ob man sich ein »bisschen« Glück wünscht oder gleich ein richtig großes. Es wird beide Wünsche mit der gleichen Ernsthaftigkeit und Gewissenhaftigkeit erfüllen. Deshalb ist es so wichtig, dass wir unsere Vorstellungsbilder so präzise wie überhaupt konzipieren.

Drittens: Es ist wichtig, die mit den inneren Bildern verbundenen Gefühle wirklich zu empfinden.

Vom Traum zur Wirklichkeit

Also tauchen Sie ab in Ihre »Traumphase« und stellen Sie sich Situationen vor, die Sie mit Ihrem künftigen Partner erleben wollen. Zum Beispiel: Gemeinsam einen Sonnenuntergang erleben. Zu zweit den Frühstückstisch decken. Hand in Hand durch Rom schlendern. Gemeinsam auf dem Markt einkaufen. Nebeneinander im Theater sitzen, im Flieger Richtung Süden ... oder was auch immer Sie sich wünschen. Wichtig dabei ist weniger, ob Sie sich Ihren künftigen Partner optisch vorstellen können. Legen Sie sich darauf lieber nicht fest, denn der »Richtige« wird Ihnen gefallen, auch wenn er anders aussieht als Sie ihn sich vorstellen. Viel wichtiger ist, dass Sie die Gefühle spüren, die Sie mit diesen Situationen verbinden: Glück, Heiterkeit, Zärtlichkeit, Gelassenheit, Freude, Geborgenheit. Je detaillierter, je suggestiver Sie sich die jeweilige glückliche Situation vorstellen, desto ehrgeiziger wird Ihr Unterbewusstsein, aus diesen Bildern Wirklichkeit werden zu lassen.

Manchmal hilft »telefonieren«

Sie haben nicht so viel Phantasie? Tun sich schwer mit dem Visualisieren? Kein Problem. Dann versuchen Sie es zum Einstieg mit dieser »Telefon-Übung«:

Führen Sie ein imaginäres Telefonat mit Ihrer besten Freundin/Ihrem besten Freund und schildern Sie Ihr Leben zu zweit so, als wäre es bereits Realität. Vergessen Sie nicht: Ihr Unterbewusstes weiß nicht, dass Sie gerade »flunkern« (also tragen Sie ausnahmsweise einmal richtig dick auf). Es hält all Ihre »Traumbilder« und Ihre Gefühle eins zu eins für Wirklichkeit.

Dieses Telefonat könnte sich in etwa so anhören:

»Marion, ich muss dir einfach von meinem Glück erzählen. Ich habe ihn getroffen und es ist einfach wunderbar. Er ist der zärtlichste und aufmerksamste Mann, den ich je kannte. Jede Stunde mit ihm ist wie ein Geschenk. Und das nun schon seit vielen Monaten. Er mag genau wie ich modernes Theater und klassische Musik, wandert gern. Wir unternehmen Radtouren, kochen zusammen, können wunderbar über Filme und Bücher diskutieren, und auch streiten. Ich kann mich sogar für sein Schachspielen interessieren. Und ich mag es, wie er mich berührt. Wir entdecken jeden Tag noch mehr Liebenswertes aneinander. Ich fühle mich unendlich geborgen. Ich bin so unsagbar glücklich. Es ist noch viel schöner, als ich es mir je erträumt habe. Wir wollen miteinander alt werden. Wir haben noch so viele Pläne für unsere gemeinsame Zukunft.« (In dieses Gespräch können Sie alle Ihre Wünsche und Vorstellungen reinpacken!)

Für diese »weibliche« Version des Textes gibt es selbstverständlich auch eine »männliche«. Vergessen Sie dabei nicht, die positiven Gefühle zu empfinden, die solche Situationen in Ihnen auslösen. Denn auch Gefühle, nicht nur Bilder, bewirken eine Veränderung im tiefsten Inneren, weil sie Zugang zu unseren verborgenen, unbekannten geistigen, schöpferischen und seelischen Kräften schaffen und diese brachliegenden Potenziale aktivieren.

»Telefonieren« Sie so oft wie möglich oder lassen Sie Ihren inneren Film ablaufen. Dann kann das passieren, wovon Marc Aurel, vor rund 2000 Jahren römischer Kaiser, schon sprach, lange bevor heute hoch bezahlte Management-Trainer dieses Wissen vermitteln: »Die Seele nimmt mit der Zeit die Farbe unserer Gedanken und Bilder an.«

Selbstsabotage-Programm Nr. 2: Der alte Partner ist »abgelegt«, aber noch höchst präsent

In ein halb volles Glas passt nur die Hälfte von dem, was in ein leeres passt. So ähnlich ist es, wenn noch eine ungewollte oder unbewusste Bindung an den früheren Partner besteht. Für den neuen bleibt nur die obere Hälfte, weil in der unteren Hälfte ja noch was drin ist. Schüttet man etwas Neues auf das Alte, wird daraus selten eine prickelnde Mixtur, eher eine schale Plörre. Wer eine Tür nicht zumacht, schließt auch nicht ab. Aber genau das ist wichtig, um weitergehen zu können und nicht von unsichtbaren Fäden gehalten zu werden. Dabei geht es keineswegs darum, alles Frühere einfach über Bord zu werfen. Einiges davon wird noch gebraucht und ist auch für eine neue Partnerschaft sehr wertvoll.

Ich verdeutliche das meinen Klienten mit diesem Beispiel: Man startet mit der neuen Liebe kraftvoll in die Zukunft, gibt Vollgas und gewinnt dennoch nicht an Tempo. Warum? Der Wagen ist überladen, der Kofferraum voll gestopft mit Dingen, die sich über Jahre angesammelt haben, zum Teil aber nicht mehr gebraucht werden. Will man in Fahrt kommen, ist kräftiges Entrümpeln dringend angesagt. Also raus mit allem, was nur Ballast ist: Die Schneeketten zum Beispiel, die zum letzten Mal vor 15 Jahren aufgezogen wurden, oder die Tennisschläger, die man nicht mehr in der Hand hatte, seitdem man aufs Walken umgestiegen ist. Doch gleich alles in einem Aufwasch zu entsorgen ist nicht ratsam. Denn natürlich ist es sinnvoll, Wichtiges im Kofferraum zu lassen. Das Reserverad zum Beispiel oder das Warndreieck.

Ähnlich verhält es sich, wenn man Ballast aus seiner Vergangenheit loswerden möchte. Blindwütig alles, was an den ehemaligen Partner erinnert, zu entsorgen, wäre in etwa so klug, wie vor einer langen Reise durch unbewohnte Gegenden das Reserverad mutwillig aus dem Fenster zu werfen oder mit leerem Tank zu starten. Früher oder später wäre die Fahrt zu Ende: Sackgasse!

Wir müssen uns den Menschen, den wir einst liebten und der uns verletzt hat, nicht gewaltsam aus dem Herzen reißen. Das macht nicht frei. Er war ein Teil unseres Lebens und wird es immer bleiben. Um wirklich frei zu sein für einen neuen Menschen, eine neue Partnerschaft, gibt es nur eines: Den früheren Partner in Liebe aus unserem Herzen zu entlassen, um abschließen zu können. Mit ihm Frieden zu schließen, auch wenn es im Inneren noch so grummelt. Dabei können Abschiedsrituale eine wertvolle Arbeit leisten.

Gut gestartet, gut gelaufen – und doch kein Happy End

Warum uns das Glück oft mittendrin verlässt

Sie sieht ihn, er sieht sie – und es passiert: Die Welt bleibt stehen. Die Sterne funkeln am helllichten Tag. Die Knie sind weich, der Puls macht mindestens zehn Schläge mehr pro Minute. Wir könnten barfuß über ein Nagelbrett laufen – wir würden es nicht merken, denn wir sind verliebt! Kein Zweifel: Der berühmte »Coup de foudre« hat eingeschlagen, es ist die berühmte Liebe auf den ersten Blick. Wunderbar!

Warum aber hält die Liebe manchmal nur einige Wochen, einige Monate, vielleicht gerade mal ein, zwei Jahre und nicht länger? Dafür gibt es vielerlci Gründe. Manche könnte man übertiteln mit »Liebe macht blind«, auch noch im Alter. Wir haben uns in den falschen Partner verguckt. Und davor schützt uns auch all unsere Erfahrung nicht.

Wir suchen das Gegenteil – und kapitulieren

Angenommen, wir schauten uns nach einem dominanten Partner um, bei dem wir uns immer klein und unterlegen fühlten (wie wahrscheinlich auch bei Mama oder Papa), einen Partner, der wirklich das genaue Gegenteil von uns ist. Einer, der zu uns aufschaut, für den wir die Größte/der Größte sind. Wetten, dass uns dieser Partner nach einiger Zeit ziemlich langweilt? Er verweigert uns nämlich die Chance, uns in der Partnerschaft entwickeln und wachsen zu können. Doch das geht nicht mit einem »Kind«, das ständig angeschoben werden muss und uns nicht ebenbürtig ist, weil es lieber am Rockzipfel hängen bleiben will, anstatt endlich das Laufen zu lernen.

Der neue Partner entpuppt sich als der alte

Nicht möglich, werden Sie jetzt vielleicht sagen. Er/sie ist doch ganz anders als der bisherige Partner! Zugegeben: Die Verpackung ist neu. Der Inhalt nicht. Unser Unbewusstsein unterliegt dem Wiederholungszwang: Wir verlieben uns immer wieder in den gleichen Typ Frau oder Mann. Ganz nach dem Motto: Bei Peter/Marion habe ich es nicht geschafft, aber jetzt, bei Klaus/Ursula wird, nein, muss (!) es klappen: das Gesehen- und Akzeptiert-Werden.

Was dahinter steckt? Tiefe Verletzungen aus der Kindheit, die immer noch nicht verheilt sind. Bewusst ist uns das selten, aber in unserem Unterbewusstsein sind sie noch sehr präsent: Ich habe es bei Papa oder Mama auch nicht geschafft, gesehen und akzeptiert zu werden. Diesmal muss es zu schaffen sein! Als Beweis für den eigenen Selbstwert lässt man seinen Erfolg aber nur gelten, wenn die Herausforderung ebenso groß war wie damals bei Papa oder Mama und sucht sich einen entsprechend schwierigen Partner.

Genau das lässt uns zum Wiederholungstäter werden. Und scheitern. Dieses Muster lässt sich nur auflösen, wenn man die ungute Bindung an Vater oder Mutter endlich löst. Manchmal ist das nur mit Hilfe eines Therapeuten möglich.

Wir provozieren, was wir vermeiden wollten

Man macht den Partner zu dem, was man kennt und vermeiden will. Wir alle verfügen über einen »Beschützer«, eine Art Firewall in unserem Inneren, die die Aufgabe hat, uns vor weiteren altbekannten Verletzungen zu schützen. Die Familientherapeutin Eva Orinsky sagt: »Manchmal übertreiben diese Helfer aber so, dass sie unseren Partner genau in das Verhalten treiben, das wir befürchten. Ein Beispiel: Jemand klammert aus der Erfahrung und der Angst heraus, wieder verlassen zu werden. Aber genau dieses Klammern bringt den anderen schließlich dazu, tatsächlich Reißaus zu nehmen, was er vielleicht sonst nicht gemacht hätte.«

Die Frage lautet also: Was hat das mit mir zu tun, dass ich immer wieder auf die Nase falle?

Eva Orinsky: »Im Glücksfall habe ich die Schuld am Missglücken der Beziehung nicht meinem vorigen Partner gegeben, sondern nachgeschaut, was ich dazu beigetragen habe. Im Glücksfall habe ich aus meinen Fehlern gelernt, habe alte Kindheitswunden bearbeitet, so dass ich meinen nächsten Partner nicht mehr mit meinem Vater oder meiner Mutter verwechseln muss und mir selber geben kann, was ich brauche. Das bedeutet, dass ich jetzt selbst die Verantwortung für mein Glück übernehme.«

Wir müssen uns nicht alles zuschreiben, wenn das Glück auf der Zielgeraden einen Haken schlägt und ausbüxt. Häufig verbockt es wirklich der andere. Vielleicht weil das Verliebtsein nicht zur Liebe reichte oder weil die beiden Lebensentwürfe sich nach einer Probephase als wenig deckungsgleich zeigten und sie deshalb durchs Raster fielen.

»Fünf Monate lang schwebte ich im Siebenten Himmel. Arthur und ich waren einfach das Traumpaar, teilten sehr viele Interessen, vor allem für Malerei und Klassische Musik. Wir waren an den Wochenenden viel in Konzerten und Ausstellungen und diskutierten lebhaft. Da ich selbst male, hatten wir auch Zugang zur »Szene«. Ich hätte mir gut vorstellen können, dass er nach seiner Pensionierung in zwei Jahren zu mir ziehen würde. Davon haben wir auch oft gesprochen. Aber irgendwann hatte er immer weniger Lust, mit mir wegzugehen. Er wollte lieber für uns kochen – immer dieselben drei Gerichte – und dann auf der Couch liegen und fernsehen. Und das in ausgebeulten Hosen. Irgendwann habe ich das nicht mehr ausgehalten.«

Heidi, 53 Jahre

»Nach meiner Scheidung hatte ich erst keine große Lust mehr auf Zweisamkeit. Dann traf ich Sibylle. Sie war so kraftvoll, so voller Energie, so sprühend. Sie hat mich richtig mitgerissen. Ich habe mit ihr noch einmal Träume verwirklicht, die ich längst vergessen hatte. Sie wohnte in der Stadt, ich auf dem Land. Wir genossen beide sehr, diese beiden Welten zu leben und auszukosten. Damals konnte ich mir vorstellen, dass wir dieses Leben endlos fortsetzen könnten. Aber es ging nicht. Ihr Lebendigsein hat mich einfach über-

fordert. Dazu hatte ich nicht mehr die Kraft. Mir war zu viel Aufregung darin, zu viel Stress.«

Andreas, 64 Jahre

»Gerd war der dritte Mann, den mir das Partnerschaftsinstitut vorstellte. Wir sind gleich aufeinander geflogen. Das war vor zwei Jahren. Er hat mich fürs Radfahren begeistert, und er teilt heute meine Begeisterung fürs Tanzen. Diese beiden Hobbys füllen uns aus. Wir sind ein gutes Team, ich liebe ihn sehr, und ich bin sicher, er mich auch. Am Wochenende lebe ich in seinem Haus, denn ich kann mir nur eine kleine Wohnung leisten, die ich auch noch mit meinem erwachsenen Sohn teile. Er möchte, dass ich in einem Jahr, wenn ich in Rente gehe, in sein Haus einziehe. Das gehört zur Hälfte seiner Ex-Frau. Er will es deshalb nicht verkaufen. Aber genau aus diesem Grund möchte ich, dass wir heiraten. Gerd ist 10 Jahre älter als ich. Wenn er stirbt, erbe ich nichts und seine Ex-Frau wird mich aus dem Haus rauswerfen. Doch Gerd will nicht mehr heiraten, findet dieses Thema auch nicht wichtig. Er kann oder will meine Bedenken nicht ernst nehmen. Wenn er mich nicht heiratet oder finanziell absichert, werde ich nicht bei ihm einziehen, sondern wieder in meine Heimat Slowenien zurückkehren. Dort kann ich von meiner kleinen Rente leben, hier in Deutschland nicht.«

Milena, 59 Jahre

Einzelfälle? Nein. Ähnliche Aussagen bekam ich von einigen Interviewpartnern.

Wenn Kinder gegen den neuen Partner opponieren

Nicht immer sind die – wohlgemerkt – erwachsenen Kinder beglückt, wenn ein Elternteil einen neuen Partner präsentiert. Die Gründe können unterschiedlich sein:

- Sie können keine »Nachfolgerin« respektive keinen »Nachfolger« von Mama bzw. Papa akzeptieren.
- Der/die Neue kann in ihren Augen dem verstorbenen oder geschiedenen Elternteil nicht das Wasser reichen.
- Sie finden es einfach peinlich, dass ihr »alter« Vater/ihre »alte« Mutter noch einmal eine Liebesgeschichte durchleben will.
- Sie können sich Vater oder Mutter nur schwer als Liebespartner vorstellen, schon gar nicht mehr »in dem(!) Alter!«
- Sie fürchten ums Erbe.
- Mama oder Papa können oder wollen jetzt nicht mehr so viel Zeit mit den Enkeln verbringen.

»Die will doch nur das Geld meines Vaters«, lautet eines der Argumente, die ich von Betroffenen hörte. »Meine Mutter war so eine kultivierte Frau. Und jetzt bringt mein Vater eine Frau ins Haus, die völlig unter ihrem Niveau ist.« »Papa hat doch uns. Wir kümmern uns um ihn. Dann braucht er doch nicht unbedingt noch jemand anderen.«

Die Ablehnung der eigenen Kinder gegenüber dem neuen Partner kann eine harte Belastung sein. Dabei könnte die Anerkennung der neuen Verbindung den jung Verliebten ein großes Paket an neuem Lebensmut mitgeben.

Aber braucht es wirklich den Segen der Kinder? »Nein«, sagt Familientherapeutin Eva Orinsky. »Seinen erwachsenen Kindern ist man keine Rechenschaft schuldig, wenn man wieder eine neue Beziehung eingeht. Und was den Segen anbetrifft: Den gibt immer der Vorgeborene dem Nachgeborenen, nicht umgekehrt.«

Nun, Kinder müssen den neuen Partner nicht lieben. Es reicht, ihn zu akzeptieren. Schließlich tragen auch sie einen Gewinn davon. Denn alles, was der Neue/die Neue für Mama oder Papa tut, müssen *sie* nicht tun. Er/sie nimmt ihnen die Belastung, sich um einen einsamen Elternteil kümmern zu müssen.

»Ich kann ihn auf den Tod nicht ausstehen«, gestand mir eine meiner Klientinnen, »aber ich sehe, dass meine Mutter an seiner Seite richtig aufblüht. Andererseits könnte ich mich neben meiner Familie auch nicht so um sie kümmern, wie es nötig wäre. Wir alle sind doch froh, dass wir nicht jeden Freitag überlegen, ob und wann wir übers Wochenende zu Mama fahren. Ich würde mich allerdings mehr freuen, wenn es nicht gerade *der* wäre!«

Warum können sich Töchter und Söhne oft dennoch nicht freuen, wenn Vater oder Mutter mit einem neuen Partner glücklich ist? Sollte es die Angst ums Erbe sein, reichen zwei Anmerkungen.

Die erste: Das Vermögen, das dem Elternteil gehört, darf er ausgeben, wie *er* möchte und für was und mit wem. Und wenn er sein gesamtes Hab und Gut »mit diesem neuen Partner« durchbringt – ist das scin gutes Recht. Er ist niemandem Rechenschaft schuldig, auch seinen Kindern nicht.

Die zweite: Es gibt vertragliche Schritte (Schenkung, Niesnutz etc.), mit denen ein Elternteil die Kinder absichern kann, wenn er das möchte. Eine Beratung beim Notar ist hier sicher eine gute Investition.

Frau hätte jetzt das und das gemacht ...« oder »Mein Mann hat in solchen Situationen so reagiert ...« sind absolute Knock-out-Sätze für eine neue Liebe. Wer nur »Ersatz« für den Verstorbenen sein soll, verliert sich schnell als Individuum. Hier hat die Liebe keine Chance zu wachsen.

Geld ist der sechste Sinn.
Der Mensch muss ihn haben,
denn ohne ihn kann er die anderen
fünf nicht voll ausnützen.

William Somerset Maugham

Mein Geld, dein Geld: Warum darüber reden nur gut sein kann

Ihr Kühlschrank ist immer gut gefüllt und Sie regen sich nicht auf, wenn Ihnen die Verkäuferin 120 Gramm Schinken verkauft, obwohl sie nur 100 Gramm geordert haben? Sie schielen auf einer Speisekarte nicht als Erstes auf den Preis, sondern lassen sich erst einmal inspirieren, was Ihnen im Moment am meisten schmecken würde? Dann schauen Sie genau hin, wie sich Ihr Partner bzw. Ihre Partnerin in solchen Situationen verhält. Wählt er das Essen nach dem Preis aus oder bittet die Verkäuferin, die 20 Gramm Schinken zu viel wieder von der Waage zu nehmen? Er muss deshalb nicht geizig sein. Er hat einfach eine andere Art, mit Geld umzugehen als Sie. Er gibt es lieber für sein Hobby oder den Urlaub aus, während Ihnen möglicherweise eine

Kreuzfahrt weniger Spaß machen würde als der Kauf einer tollen Tasche. Oder Sie, statt groß Urlaub zu machen, es sich tagtäglich gut gehen lassen – mal ein Glas Wein mit Freunden trinken, ein Buch kaufen, ins Kino gehen, bei einem Paar Schuhe zugreifen, das Sie nicht unbedingt brauchen, das Ihnen aber gefällt.

Das ist völlig in Ordnung – sofern Sie damit klar kommen und keiner von Ihnen beiden versucht, dem anderen sein eigenes Finanzkonzept überzustülpen. Und: Sofern Sie darüber reden. Nichts ist für eine Partnerschaft tödlicher als Geld – nicht so sehr, ob und wie viel man hat, sondern wofür es der Einzelne am liebsten ausgibt.

Geld hat man oder man hat es nicht. Aber man spricht nicht drüber. Dieser Spruch scheint in der Generation 50plus noch tief verwurzelt zu sein. Auch die Ansicht, dass man sich »irgendwie« schon arrangieren werde – schließlich liebt man sich ja. Völlig falsch. Über Geld muss man reden!

Geld ist einer der häufigsten Streitpunkte. An ihm scheitern viele Paare. Weniger, weil es an Geld fehlt, sondern weil die Partner oft total unterschiedliche Ansichten haben, wofür man es ausgibt. Also: Die Karten auf den Tisch!

Es geht auf Dauer nicht gut, wenn Sie auf den Einkauf auf dem Markt verzichten, auf den Kinobesuch, auf das Paar Schuhe – um stellvertretend einige Beispiele zu nennen –, weil das alles für den anderen ein rotes Tuch ist und er das alles für unnötig hält. Wer bislang sparsam durchs Leben ging, wird sich im Alter selten ändern, so wenig, wie man großzügige Menschen dazu bringen kann, jederzeit auf den Cent zu schauen.

Geld ist Macht. Wenn ein Partner weniger hat als der andere, ist erst recht Klartext angesagt: Inwieweit ist der finanziell Begünstigtere bereit, in das gemeinsame Leben zu investieren – ohne daraus Kapital zu schlagen? Mit anderen Worten: ohne den anderen klein zu halten? Eine ganz wichtige Frage, von deren Antwort eine Menge abhängt.

Finanzielle Abhängigkeit vom Partner programmiert Ungleichgewicht, Unzufriedenheit, letztlich sogar das Scheitern einer Beziehung. Insbesondere Frauen scheuen sich oft, finanzielle Interessen durchzusetzen, aus Harmoniesucht und Konfliktscheue und weil sie glauben, egoistisch und nicht mehr liebenswert zu sein, wenn sie nicht nur klare Verhältnisse haben wollen, sondern auch finanzielle Sicherheit. Über all das vorher zu reden ist Gold für eine Beziehung.

Auf der Zielgerade ins Glück

Drum prüfe, wer sich ewig bindet,
ob sich nicht noch was Besseres findet.

Volksweisheit

Ziehst du zu mir oder ich zu dir?

»Gemeinsam (er-)leben – getrennt wohnen«. Dieser Wunsch wird immer häufiger von Suchenden in Zeitungsannoncen oder im Internet ausgesprochen. Am häufigsten von Frauen, die schon einige Zeit allein gelebt haben, so die Erfahrung von professionellen Vermittlern. Der Grund ist häufig ein ganz profaner. Diese Frauen haben keine Lust mehr, sich neuerlich für einen Haushalt zuständig zu fühlen. Auch wenig Neigung, sich den Gewohnheiten eines Partners anzupassen. Sie möchten ihre neue Liebe nicht Zerreißproben aussetzen mit Themen wie »Warum hast du die Zahnpastatube schon wieder nicht zugedreht?«, »Warum bringst du den Müll nicht endlich auch mal runter?« oder was auch immer. Sie möchten die neue Gemeinsamkeit genießen, viel vom unerfreulichen Alltag, der die vergangene Partnerschaft mit beschwerte, außen vorlassen. »Wenn wir das Wochenende zusammen sind und uns oft auch noch ein- oder zweimal während der Woche sehen, bei mir oder bei ihm, empfinde ich das wie einen Höhepunkt«, fasste es eine meiner Gesprächspartnerinnen zusammen. »Dann kann ich darüber hinwegsehen, dass er zum Beispiel seine Kleider grundsätzlich nie auf einen Bügel hängt, dass die Küche wie ein Schlachtfeld aussieht, wenn er bei mir gekocht hat. Wenn wir zusammen leben würden, wäre das mit Sicherheit ein Streitpunkt.«

Ein weiterer Punkt für das Getrennt-Leben ist, den Kindern und Enkeln das elterliche Zuhause zu erhalten, das sie nicht mit einem »neuen« Mann oder einer »neuen Frau« teilen müssen.

Und ein weiterer entscheidender Faktor: Mit der räumlichen Distanz wächst die Sehnsucht ...

Für andere Paare wäre die Regelung »Living apart together«, also Liebe auf räumliche Distanz (»Ich-bei-mir-und du-bei-dir«) undenkbar. »Wenn ich mit dem Menschen zusammen bin, den ich liebe und mit dem ich alt werden möchte, kann ich mir das nicht in getrennten Wohnungen vorstellen«, höre ich öfter in meiner Praxis. Und viele Männer bekennen offen: »Ich will die Frau sehen, fühlen, spüren, wenn ich morgens die Augen aufmache und abends wieder zu.«

Mehr Nähe oder mehr Distanz – diese Bedürfnisse werden durch Lebenserfahrungen, langjähriges Zusammenleben mit anderen Partnern und eingeschliffene Gewohnheiten geprägt. Für die einen ist es für das Gelingen einer Partnerschaft wichtig, ein eigenes Reich zu behalten, in dem der andere gern gesehen wird, das aber nicht sein Zuhause ist oder werden soll. Denn wo einer viele Quadratmeter Wohnfläche hat, passt nicht automatisch ein Zweiter hinein, ohne dass früher oder später einem oder gar beiden die Luft wegbleibt. Andere Paare hingegen arrangieren sich lieber auf kleinstem Raum, um die Nähe spüren zu können, die für ihr Zusammenleben unabdingbar ist.

Ein Richtig oder Falsch gibt es nicht. Es ist kein Zeichen mangelnder Liebe, wenn einer seinen Freiraum braucht. Häufig wächst der Wunsch, sich auch räumlich näher zu kommen, mit der Zeit, mit dem Wachsen von Liebe und Vertrautheit. Wenn sich keine Fragen mehr stellen wie diese: Will ich sein/ihr Gesicht morgens als Erstes sehen, wenn ich die Augen aufmache? Sondern wenn man längst weiß: Ja, ich will!

Nicht selten sprechen für eine gemeinsame Wohnung auch die Finanzen. Zwei Wohnungen sind meist teurer als eine, auch wenn man sie gegen eine größere eintauscht.

Zieht man zusammen, spart man Geld, das für anderes übrig bleibt, beispielsweise für Hobbys und Reisen.

Die idealste Lösung wäre, gemeinsam ein neues Nest zu suchen, als Signal: Das Alte bleibt hinter uns, wir beginnen jetzt etwas Neues. Die Verwirklichung eines solchen Traums hängt jedoch eng mit den finanziellen Möglichkeiten zusammen.

Hat einer der Partner eine größere Wohnung oder ein Haus, dann spricht vieles dafür, dass der neue Partner zu ihm zieht. Auf den ersten Blick scheint das eine ideale Sache zu sein. Auf den zweiten kann auch diese Lösung Tücken zeigen. Denn eines steht fest:

Eine gemeinsame Wohnung allein schafft noch kein neues Zuhause

Jeder von uns kennt das: Wir schleppen von Umzug zu Umzug ein paar Möbelstücke mit, an denen wir hängen. Sei es, weil sie wertvoll sind, Erinnerungen daran hängen oder weil sie uns lieb und vertraut geworden sind wie ein paar gemütliche Hausschuhe. Auf keines dieser Möbelstücke möchten wir gern verzichten. Alle sollen mit in die neue Behausung.

Können Sie – vorausgesetzt, Sie und Ihr Partner ziehen aus zwei Zwei-Zimmer-Wohnungen in eine neue Wohnung mit wenigstens vier Räumen. Dann hat sich dieses Thema erledigt. Dann brauchen Sie nur noch das Umzugsunternehmen beauftragen.

Problematisch wird es, wenn wie in besagtem Beispiel plötzlich nur eine Drei-Zimmer-Wohnung zur Diskussion steht. Wer verzichtet auf was? Bei der Frage, ob lieber das Ikea-Billy-Regal auszurangieren ist oder die Louis-Seize-

Kommode, weil nur eines davon ins neue Wohnzimmer passt, ist ein Kompromiss sicher leicht(er) zu finden (obwohl ich Menschen kenne, die Antiquitäten leichten Herzens gegen Selbstmontagemöbel eintauschen würden!). Vielleicht findet »Billy« noch Platz im Flur oder im Keller.

Was aber, wenn beide darauf beharren, dass »ihr« Sofa, »ihr« Lesesessel, »ihre« Küchenzeile besser in die neue Wohnung passen als die des Partners? Dass Gardinen vor den Fenstern besser aussehen als Rollos? Und man überhaupt Probleme mit dem Geschmack des anderen hat?

Hier ist Toleranz gefragt. Und Verhandlungsgeschick. Will sich keiner überfahren fühlen, bietet sich diese Lösung an: Jeder darf zwei, drei Lieblingsstücke mit in die neue Wohnung bringen (auch wenn der andere sie abscheulich findet!), und muss dafür auf zwei, drei Lieblingsstücke verzichten, auch wenn ihm fast das Herz zerbricht. Es gleicht einem symbolischen Akt: Mit jedem alten Möbelstück legt man auch ein Stück Vergangenheit ab. Eine neue Wohnung, neue Möbel, die Mischung aus seinen und meinen Dingen signalisiert, dass jetzt etwas Neues, Gemeinsames beginnt.

Beide müssen sich in der neuen Umgebung wohl und zuhause fühlen, müssen das Gefühl haben: Ja, das ist unseres, aber es ist auch ein Stück weit noch mein Altvertrautes! Nur so können beide auf diesem Boden Wurzeln schlagen und zusammenwachsen.

Dieses Wurzelschlagen ist aber nicht möglich, wenn ein Partner in das Zuhause des anderen zieht, in dem nichts verändert werden darf. Wenn der neue Partner quasi wie auf Besuch dort lebt. Das ist kein fruchtbarer Boden, auf dem Liebe, Zusammengehörigkeit, Vertrauen gedeihen können. Die Gefühle werden verdorren, früher oder später, weil ihnen buchstäblich kein Raum zum Entfalten bleibt.

Der Neuankömmling – und die Liebe – haben ein Anrecht darauf, sich entweder ein Zimmer oder wenigstens eine Ecke nach den eigenen Vorstellungen einzurichten. Ohne Meines zusammen mit Deinem kann sich kein »Wir«-Gefühl entwickeln.

Auch der Vermieter darf mitreden

Zieht einer der Partner in die Mietwohnung des anderen, dann muss der Vermieter darüber informiert werden. Einen Ehemann/eine Ehefrau muss er hinnehmen, es sei denn, die Wohnung wäre für zwei definitiv zu klein. Für einen Lebensgefährten jedoch muss er im Normalfall sogar seine Genehmigung aussprechen und kann auch eine Mieterhöhung verlangen.

Zieht man gemeinsam in eine neue Wohnung, dann ist es angebracht, den Mietvertrag zu zweit zu unterschreiben. Das heißt aber, dass die Partner füreinander haften. Kann der eine die Miete nicht mehr aufbringen, muss der andere dafür einspringen. Und – will einer ausziehen, müssen beide Partner kündigen. Der Vermieter ist nicht verpflichtet, den alten Mietvertrag mit nur einem Partner aufrechtzuerhalten bzw. einen neuen mit ihm abzuschließen.

»Karierte Maiglöckchen?« Die gibt es wirklich!

Wilma, 62, Rentnerin, seit 27 Jahren geschieden, 3 erwachsene Kinder.
Georg, 64, Pensionär, seit 3 Jahren verwitwet, 2 erwachsene Kinder.
Seit zwei Jahren sind sie ein Paar.
Kontakt: Zufälliges Treffen bei Freunden

Wilmas Geschichte

Die Suche nach einem neuen Partner habe ich vor vielen Jahren aufgegeben. Es klappte einfach nichts. Ich habe etliche Annoncen aufgegeben und auch auf verschiedene geantwortet und es auch im Internet versucht. Es ergaben sich daraus nette, wenn auch kurze Begegnungen. Nur der Richtige war einfach nicht dabei. Auch Freunde haben nichts unversucht gelassen, mich an den Mann zu bringen. Schrecklich, diese Kuppelnummern! Ich habe meine Freunde dafür gehasst. Sie meinten es gut, ich weiß, aber ich kam mir vor wie der Trostpreis auf einer Tombola.

Nicht einer war dabei, den ich mir gern näher angeschaut hätte. Na ja, ich habe denen auch keine Chance gegeben, sobald ich merkte, dass da mal wieder ein guter Freund oder Kollege »zufällig« mit kam. Vielleicht bin ich zu anspruchsvoll, dachte ich mir oft. Aber verlangte ich denn zu viel? Was ich suchte, war »nur« ein liebevoller Partner, mit dem ich reden kann, der ehrlich ist und mir keine Gefühle vorschwindelt, der möglichst meine Hobbys, Reiten und Tennis, teilt, neugierig auf diese Welt ist, der sich begeistern kann oder zumindest mir meine Begeisterung lassen kann, auch wenn er sie nicht teilt. Ein Mann, bei dem ich mich emotional geborgen fühle.

»Du suchst karierte Maiglöckchen«, hat mir meine Freundin aus Kindertagen oft gesagt, »und die gibt es nun halt mal nicht!« »Gut«, antwortete ich, »wenn ich die suche, dann muss es sie doch irgendwo auch geben! Oder wenigstens gestreifte!« Wie oft haben wir über diesen Satz gelacht!

Ich habe sehr jung geheiratet. Es war die große Liebe. Wir haben zwei Söhne und eine Tochter zusammen. Unsere Ehe ging schon nach der Geburt unseres zweiten Sohnes nicht mehr gut. Unsere Tochter, unser drittes Kind, war eigentlich nicht geplant, mein Mann und ich haben sie aber als Chance gesehen, noch einmal von vorne anfangen zu können. Es klappte nicht.

Nach der Scheidung bin ich in meinen Heimatort zurückgekehrt, eine Kleinstadt mit rund 20 000 Einwohnern. Das war eine riesige Umstellung nach so vielen Jahren in Großstädten und im Ausland. Die Kinder haben sich schneller arrangiert als ich. Ich fand einen Job in einer Anwaltskanzlei und reaktivierte frühere freundschaftliche Beziehungen. Wenn die Kinder mal ihre eigenen Wege gehen, dachte ich immer, werde ich mich nach einem Partner umsehen. Bis dahin gab es ein paar Flirts, aber nichts wirklich Ernstes. Es ist auch nicht gerade einfach, sich einen Mann »unverbindlich« anzusehen oder »auszuprobieren«. Die halbe Stadt weiß sofort Bescheid, ob da was läuft oder plötzlich nicht mehr. Das ist in Kleinstädten eben so. Das macht die Partnersuche nicht einfacher. Wie gesagt, das mit dem Finden hat nicht geklappt, und ich hatte mich damit abgefunden, alleine zu bleiben.

Bis zum Ostersonntag vor zwei Jahren. Eigentlich wollte ich mit einer Freundin über die Feiertage wegfahren, aber eine ihrer Töchter war krank geworden und sie musste sich um die Enkelin kümmern. Bevor mir die Decke total auf den Kopf fiel, rief ich andere Freunde an und verabredete mich mit ihnen auf dem Tennisplatz. Diese Freunde brachten Georg mit. Georg war ein Jahr vorher Witwer geworden. Als ich ihn sah, dachte ich: Wow, guter Typ! Er spielte nicht besonders gut, trotzdem hat er mich in drei Spielen geschlagen. Ich hatte einfach meine Gedanken nicht beieinander. Er hat mich abends noch auf ein Bier eingeladen und wir haben viel geredet. Eigentlich wollte ich ihm gar nicht so viel von mir erzählen, aber es war, als kannten wir uns schon ewig.

Das war es dann aber auch schon. Kein Anruf am nächsten Tag, keiner am übernächsten, keinen am überübernächsten. Dabei hatte er versprochen, sich bald zu melden. Ich war sauer, nein, total enttäuscht und traurig. Verliebt man sich so richtig, schon zeigt einem der andere, dass man eine hoffnungslose Romantikerin ist! Als ich mich so richtig in meine Wut hineingesteigert hatte, rief die Tennis-Freundin an, um mir zu sagen, dass Georg im Krankenhaus liege. Blinddarmdurchbruch. »Ich konnte dich nicht mehr anrufen und deine Nummer hatte ich natürlich auch nicht mitgenommen in die Klinik«, sagte er, als ich an sein Krankenbett eilte. Ich bin nicht wirklich ein gläubiger Mensch, aber ich habe tausend Dankgebete gen Himmel geschickt, dass das mit Georg so glimpflich ablief. Und das tue ich auch heute immer noch, weil ich unsere Partnerschaft als richtiges Gottesgeschenk betrachte.

Georgs Geschichte

Wenn Wilma von einem Gottesgeschenk spricht, kann ich mich dem nur anschließen. Auch ich hatte über diese Feiertage etwas anderes vor. Das klappte nicht. Deshalb rief ich Freunde an, ob wir nicht gemeinsam etwas unternehmen könnten. Die waren aber schon mit Wilma verabredet. Warum nicht wieder mal Tennis spielen, dachte ich mir. Als mich der Notarzt in die Klinik fuhr, hatte ich mir gewünscht, sie würde meine Hand halten. Als ich aus der Narkose erwachte, war mein erster Gedanke: Ist sie da? Warum ist sie nicht da? Wo ist sie? Sie ist mir seit unserer Begegnung nicht mehr aus dem Kopf gegangen. Meine Gedanken kreisten pausenlos um sie. Das hat mich selbst unglaublich überrascht.

Ich hatte eine gute, sehr harmonische Ehe, um die uns Freunde oft beneideten. Waltraud war eine warmherzige, intelligente Frau, sprühte vor Lebenslust. Als sie starb – ein LKW hat sie beim Linksabbiegen auf dem Rad überrollt – hätte ich mich am liebsten zu ihr in den Sarg gelegt. Sie war noch so jung, erst 42. Unsere beiden Buben waren damals zwölf und 14 Jahre alt, ich habe sie mit Hilfe meiner Schwester und meiner Mutter großgezogen. Sie waren mein ganzer Lebensinhalt. Eine andere Frau? Es gab zwei, drei Versuche. Sie gingen schief, ich war einfach noch nicht soweit. Als ich Wilma auf dem Tennisplatz sah, überkamen mich plötzlich Gefühle, die ich seit Jahren nicht mehr spürte: Zärtlichkeit, Sehnsucht, Herzklopfen, Schmetterlinge im Bauch, Vertrautheit. Ich war total verwirrt. Ich könnte auch sagen, sie hat mich verwirrt. Als sie dann an meinem Krankenbett stand, hatte ich das Gefühl, ich kann mich fallenlassen, denn alles wird gut.

Ihre gemeinsame Geschichte

Georg baut im Moment sein Haus auf dem Land um – auch nach den Wünschen von Wilma, die dann zu ihm ziehen wird. Wilma hat dann den Garten, den sie sich seit ihrer Kindheit gewünscht hat. Ja, und reisen möchten die beiden gern und viel, nachdem sie jetzt im Ruhestand sind. Georg hat ein Faible für Südfrankreich, Wilma für Griechenland. Südafrika könnte sie auch noch reizen. »Aber da kriegst du mich nicht hin, Schatz«, wehrt Georg ab. »Vielleicht doch, mein Herz«, sagt Wilma.

Ihre Knackpunkte

Georgs zweiter Sohn ist sehr befremdet, dass sein Vater eine neue Frau in »sein« Elternhaus bringt. Es fielen schon Bemerkungen wie: Pass auf, dass sie nicht das ganze Erbe durchbringt! »Das tut weh«, sagt Wilma. Aber gleichzeitig wurde sie vom anderen Sohn und seiner Frau und den Kindern herzlich willkommen geheißen.

»Ich tu mich mit dem Zusammenleben sicher ein bisschen schwerer als Georg. Ich habe so viele Jahre alleine gelebt und brauche meine Freiräume, muss einfach auch mal für mich sein oder meine Freunde ohne ihn treffen. Georg irritiert das. Er war und ist noch immer der Familienmensch, er braucht diesen Freiraum nicht. Ein bisschen Angst habe ich auch, wenn ich ganz in diesem Dorf wohne. Die Nachbarn schauen hier noch genauer und noch ungefragter in den Suppentopf als in der Kleinstadt.« Georg beschwichtigt: »Das ganze Dorf heißt dich willkommen. Die freuen sich alle mit mir, dass ich wieder glücklich bin.«

Hätten sie sich vor 30 Jahren ineinander verlieben können?

Georg: Ich bin mir nicht sicher. Eher nein. Als junger Mann hatte ich einfach eine andere Vorstellung von einer Lebenspartnerin. Vielleicht wäre mir Wilma damals zu eigenständig vorgekommen, zu emanzipiert. Aber genau das mag ich an ihr, heute.

Wilma: Als Mann hätte er mir sicher damals schon gefallen, vielleicht weniger die Lebensumstände. Georg lebt gern in seinem Dorf, ich dagegen wollte immer raus in die Welt. Das habe ich mit meinem Ex-Mann auch geschafft. Als junge Frau hätte ich mir ein beschauliches Landleben nicht vorstellen können, heute jedoch sehr gut. Und ich freu mich drauf!

Heiraten – ja oder nein?

Längst toleriert die Gesellschaft Partnerschaften, die weder durch die Unterschrift eines Standesbeamten noch durch den Segen der Kirche besiegelt wurden. Nicht zu heiraten kann viele Gründe haben.

- Einer oder beide Partner haben mit der Institution Ehe nicht die besten Erfahrungen gemacht und möchten lieber auf »freiwilliger« Basis zusammenleben.
- Verwitwete verlieren durch neuerliche Heirat ihre Witwen-/Witwer-Rente. Häufig ist dieser Betrag aber nötig, um die Lebenshaltungskosten besser bestreiten zu können. Zumindest ermöglicht sie manches Extra, zum Beispiel Reisen oder Hobbys. Wenn beide Partner in etwa gleich gut abgesichert sind, ist eine Ehe aus finanziellen Erwägungen heraus nicht zwingend.

Was es jedoch zu bedenken gilt:

Stirbt ein Partner in einer nichtehelichen Gemeinschaft, ist der überlebende Partner trotz jahrelangen Zusammenlebens kein gesetzlicher Erbe. Das heißt, er hat keine Unterhaltsansprüche und steht wirtschaftlich womöglich vor dem Nichts und geht beim Erbe leer aus, falls leibliche Kinder oder ein Noch- oder Ex-Gatte Ansprüche anmelden.

Vor solch bösen Überraschungen ist der überlebende Partner nur dann geschützt, wenn der Verstorbene zu Lebzeiten eine entsprechende anderweitige Vereinbarung getroffen hat (dazu mehr auf den nächsten Seiten).

Wer sich zum Standesamt aufmacht, sollte vorher auch über einen Ehevertrag nachdenken. Es ist kein Zeichen von Misstrauen oder mangelnder Liebe, wenn einer der Partner darauf besteht. Ehen werden zwar im Himmel geschlossen, aber auf Erden geführt. Und Alter schützt vor Trennung nicht, auch nicht vor unvorhergesehenen finanziellen Verlusten, wenn beispielsweise einer der Partner ein Unternehmen führt. Aber ein Ehevertrag kann einen vor zusätzlichem Frust bewahren und vor allem den wirtschaftlich schlechter gestellten Partner schützen. Im Vertrag werden Güterstand, Unterhalts- und/oder Versorgungsansprüche für den Fall der Scheidung festgelegt. Eine Beratung bei einem Anwalt kann sich also lohnen. Der Ehevertrag wird vom Anwalt aufgesetzt und durch den Notar besiegelt. Dabei ist der Notar verpflichtet, jede von den Ehepartnern gewünschte Vereinbarung auf ihre Vor- und Nachteile zu prüfen.

Ja, ich will!

Er hat Sie gefunden und Sie ihn? Und es ist wirklich so, wie immer erhofft und in tausend Filmen und Romanen dargestellt? Einfach überwältigend?

Herzlichen Glückwunsch! Ich möchte jetzt keine böse Unke sein. Dennoch schütte ich einen Tropfen Wasser in den köstlichen Wein, denn – aus zwei Liebenden wird nicht automatisch ein glückseliges Paar, schon gar nicht auf Dauer. Liebe kann bekanntlich blind machen, zumindest einäugig. Auch noch im sechsten Jahrzehnt des Lebens. Der Weg in eine gemeinsame Zukunft scheint im Glückstaumel oft asphaltiert zu sein, in Wirklichkeit ist er aber oft mit mehr oder weniger Kopfsteinen gepflastert, die man sorgsam ins Auge fassen sollte.

Es ist deshalb ratsam, auf der Zielgeraden nicht einfach weiterzuspurten, leichtfüßig über Holpersteine hinwegzuhüpfen, sondern das Tempo zu drosseln und genau zu überlegen, was Sie oben auf dem Siegertreppchen antreffen möchten. Erwartet Sie die Antwort auf das, was Sie sich immer gewünscht haben? Oder ist es das, was sich Ihr Partner wünscht? Oder was Sie glauben, dass er sich wünscht?

Ist wirklich alles geklärt zwischen Ihnen beiden? Ist über alles abschließend gesprochen worden, was eventuelle spätere Streitpunkte vermeidet?

- Haben Sie Ihre Altlasten so geregelt, dass sie einem Neuanfang nicht mehr im Wege stehen?
- Sind Sie sich wirklich klar geworden über Ihre gemeinsamen Lebensziele? Können Sie damit leben, dass der andere seine Enkel hütet, während Sie lieber die Koffer packen und die Welt kennenlernen wollen? Können Sie es ertragen, wenn er Seminare für Philosophie oder Literatur an der Uni belegt, Sie Ihre Zeit eher ehrenamtlichen Tätigkeiten widmen möchten – oder umgekehrt?
- Sie weiterhin auf Ihre Art mit Geld umgehen, auch wenn Sie beide darüber unterschiedliche Auffassungen haben?

- Sie Ihre Hobbys in der bisherigen Weise fortsetzen, ohne dass Ihr Partner darunter leiden muss? Bleibt Ihnen noch genug Zeit für Gemeinsames?
- Ist Ihre Sexualität erfüllt oder doch noch nicht so ganz?
- Sind Sie sich einig, wo und wie Sie wohnen wollen? Zusammen oder getrennt? Wer darf welche Möbel mitbringen?
- Sie gleich oder später oder nie heiraten wollen?
- Wer für welche Aufgaben zuständig ist – Haushalt, Einkauf, Geldgeschäfte etc.?
- Können Sie sich mit seinen/ihren »Macken« anfreunden? Sprich: Können Sie es aushalten, wenn er die ewig alten Witze erzählt oder er Ihnen vorwirft, schlecht einparken zu können? Er seinen leeren Teller nie freiwillig in die Spülmaschine stellt, wichtige Überweisungen einfach »vergisst«, ebenso wie das Tanken, zum Date immer zehn Minuten zu spät kommt, keinen Ehrgeiz entwickelt, wenigstens ein Rührei zu fabrizieren, wenn ansonsten der Kühlschrank leer ist?
- Er es nicht ausstehen kann, wenn Ihre gesamte Familie zum »Überraschungs-Besuch« bei Ihnen aufkreuzt, was in Ihrer Familie üblich ist, in seiner jedoch nicht?
- Können Sie damit umgehen, wenn seine/ihre Familie Sie nicht gerade mit offenen Armen empfängt?
- Können Sie mit ihm/ihr über alles reden, was Sie im Moment bedrückt?

  Noch wichtiger:
- Haben Sie Ihre Altlasten »entsorgt«, zum Beispiel die Ängste, Sie könnten wieder betrogen werden oder Sie müssten alle Freiheiten aufgeben? Oder gar, Sie würden wieder in die Opferrolle gedrängt?

Beantworten Sie einen Großteil dieser Fragen mit einem *Nein*, dann lassen Sie sich Zeit für eine endgültige Bindung. Es ist ein Irrtum zu glauben, dass Liebe diese Probleme lösen könnte. Das wird sie nicht können. Aber: Sie kann an ungelösten Fragen zugrunde gehen.

Darauf zu vertrauen, dass sich diese Fragen im Laufe der Partnerschaft automatisch beantworten und sich Probleme irgendwie verflüchtigen, ist ein Irrtum. Ein großer Irrtum. Diese Hoffnung ging schon beim letzten oder vorletzten Mal nicht in Erfüllung. Sonst wären diese Partnerschaften nicht zerbrochen. An dieser Tatsache ändert sich auch nichts beim zweiten oder dritten Anlauf.

Gerade Frauen neigen oft dazu, ihre eigenen Bedürfnisse hinter die des Partners zu stellen, aus Harmoniesucht, aus der – falschen – Hoffnung heraus, es werde sich schon regeln, wenn man erst zusammenlebt. Es wird sich nicht von alleine regeln, wie ich aus zahlreichen Fällen in meiner Praxis weiß. Es wird Zoff geben, Enttäuschung auf beiden Seiten. Auf der einen, weil die stummen Wünsche nicht erfüllt werden, auf der anderen, weil der Partner – werden diese Wünsche ausgesprochen – plötzlich mit Forderungen konfrontiert wird, die vorher nicht zur Sprache kamen.

Das ehrliche Beantworten der obigen Fragen und das Bearbeiten dieser Probleme mögen schmerzlich sein, ohne sie geht es aber nicht.

Ohne Offenheit verspielt man sein gesamtes Kapital, ähnlich, als würde man in eine Firma investieren, deren Bilanzen man vorher in blindem Vertrauen, es könne ja nur gut gehen, sträflicherweise nie geprüft hat. Es kann gut gehen, man kann aber auch schlichtweg platt auf die Nase fallen.

Offene, nicht geklärte Fragen liefern ein erhebliches Potenzial an Zündstoff. Das kann nur durch absolute Ehrlichkeit, sich und seinem Partner gegenüber, entschärft und unschädlich gemacht werden.

Das Kunststück, aus zwei eins zu machen

Es ist so weit. Sie und Ihr Partner wollen nur noch eines: den Rest Ihres Lebens gemeinsam verbringen und ihn genießen. Sie haben alle Prüfungsfragen der vorherigen Seite beantwortet und dafür eine Eins oder wenigstens eine Zwei eingeheimst.

Sie sind sich einig, wie Sie Ihr gemeinsames Leben gestalten wollen, haben Ihre Altlasten geregelt, Ihre finanziellen Angelegenheiten geklärt, wissen, wie und wo Sie wohnen wollen und wer für welche Aufgaben zuständig ist. Sie haben die Sache mit seinen oder ihren Hobbys für beide Seiten zufriedenstellend geklärt, genug Gelassenheit, den anderen so sein zu lassen, wie er ist, und genug Humor, seine »Macken« als Teil seiner Persönlichkeit zu akzeptieren.

Also alles paletti? Ja-aa!

Glückwunsch!

Damit die Liebe bleibt

Liebe ist ein flüchtiges Gut, wenn man es nicht festhält und wenn man es nicht pflegt. Nach zwei Jahren Zusammensein werden weniger »Liebeshormone« produziert als in der ersten Zeit des Verliebtseins, weniger Testosteron, das männliche Sexualhormon, und weniger Östrogen, das weibliche

Gegenstück. Der Dopamin- und Noradrenalin-Spiegel (die für das totale »High« sorgen) sinken ab. Die Rezeptoren im Gehirn sind entweder überreizt oder unempfindlich geworden. Die Lust auf Sex lässt nach. Dafür treten die wenig bekannten Hormone Oxytocin und Vasopressin in Erscheinung. Beide sind wichtig für die Bindungsgefühle. Wissenschaftler bezeichnen sie auch als »Kuschel- oder Treue-Hormone«.

Was tun, um wieder Schwung in die Beziehung zu bringen? Um die Chemie der romantischen Liebe im Gehirn in Gang zu halten, gibt es folgende Rezepte: Sex und regelmäßig Neues und Aufregendes unternehmen. Beides befeuert das Dopamin-System.

Ohne Kompromisse geht gar nichts

Die Liebe kann noch so groß sein – wenn sich zwei Menschen mit einem gelebten Leben zusammentun, kann nicht alles immer glatt laufen. Liebe ist auch Beziehungsarbeit. Das heißt, es kann auch mal ziemlich zäh sein. Beide Partner bringen gute und weniger gute Erfahrungen mit, die sie in bestimmten Situationen anders reagieren lassen. Immer wieder sind Standort-Bestimmungen nötig: Hier stehe ich, dort stehst du. Wie kommen wir zusammen?

»Liebe ist nur eine von drei wichtigen Ressourcen für eine stabile Beziehung«, sagt Professor Guy Bodenmann, Direktor des Instituts für Familienforschung der Universität Fribourg. Eine davon ist die *Kommunikations-Kompetenz.* Hinter diesem Begriff verbirgt sich schlicht die Forderung: Redet miteinander! Offen und ehrlich, im Klartext, über Bedürfnisse, Probleme und Sorgen, aber auch über schöne

Dinge, die dem Einzelnen wichtig sind, ihn emotional berühren. Gibt es Streitpunkte, sind sie offen auf den Tisch zu legen, ohne dem anderen Vorwürfe zu machen. Sprechen Sie von sich: »Ich vermisse …«, »Ich bin traurig, weil du …«. Das ermöglicht einen Dialog in Augenhöhe, während Anschuldigungen wie »Du hast schon wieder …«, »Du tust nie …«, »Du machst mich einfach verrückt …« nur das Streitpotenzial erhöhen und zu keinem Ergebnis führen.

Von Bedeutung ist auch, wie gut Sie und Ihr Partner mit *Stress* umgehen bzw. wie Sie sich in Stress-Situationen gegenseitig unterstützen können.

Zeit ist die dritte wichtige Ressource. Dabei ist nicht die Zahl der Stunden gemeint, die ein Paar miteinander verbringt, sondern die Intensität des Zusammenseins.

Ein guter »Kitt« für eine Partnerschaft ist auch, den anderen häufig zu loben, ihm Komplimente zu machen und auch das auszusprechen, was man fühlt: Ich liebe dich. Oder: Ich mag dich. Und – ihn mit Respekt zu behandeln. Ihm eher einmal zu viel als einmal zu wenig sagen, was man an ihm schätzt und liebt und dass und wie er einem das Leben bereichert.

Kritik ist durchaus angebracht, aber nur im Verhältnis 1:5. Das heißt: Ein Mal kritisieren, dafür aber fünf Mal was Nettes sagen. So der Rat des Bochumer Liebesforschers Hans-Werner Bierhoff.

Die Familientherapeutin Eva Orinsky drückt es so aus: »Je mehr ich mich mit der Realität abfinde, dass Männer sind, wie sie sind, und Frauen sind, wie sie sind, mit all ihren ambivalenten Wünschen und Bedürfnissen, all ihren Fehlern und Schwächen, sobald ich keine unrealistischen Erwartungen mehr habe, umso leichter wird sich das Zusammenleben gestalten. Wenn ich erkenne, wie anders der andere ist und seine Andersartigkeit nicht mehr als Nicht-Liebe interpretiere, ist viel gewonnen.«

Juristische Fragen rund ums Erben

Interview mit Anne Kronzucker, Rechtsanwältin und Rechtsexpertin der D.A.S. Rechtsschutzversicherung

Was sollte auf jeden Fall schriftlich geregelt werden und wie, wenn man sich als Paar in späteren Jahren zusammentut, mit oder ohne Trauschein?

Mir fallen in diesem Zusammenhang spontan drei Dinge ein:

1. Eine *Bankvollmacht* kann dafür sorgen, dass Ihr Partner bei Krankenhausaufenthalten oder bei Ihrem Ableben auf das Konto zugreifen und die notwendigsten Dinge erledigen kann. Banken haben dafür spezielle Formulare. Hat bei einem Einzelkonto niemand Bankvollmacht, wird der Zugriff auf Ihr Konto den Erben erst mit dem Erbschein oder bei Vorlage eines notariellen Testaments möglich. Bis dahin wird das Konto gesperrt.
2. Eine *Vorsorgevollmacht* regelt, dass Ihr Partner bei einer Krankheit und einem Unfall Ihre gesundheitlichen und finanziellen Angelegenheiten regeln kann, wenn Sie nicht mehr dazu in der Lage sind. In einer Patientenverfügung können Sie zudem regeln, wie Ihre medizinische Behandlung aussehen soll, wenn Sie sich nicht mehr äußern können.

3. Mit einem *Testament* oder *Erbvertrag* regeln Sie, wer Ihr Vermögen bekommt, wenn Sie nicht mehr sind.

Was ist der Unterschied in punkto Erbe zwischen einer ehelichen Verbindung und einer Lebensgemeinschaft?

Der Unterschied ist für den neuen Lebenspartner riesig. Wer sich für eine Lebensgemeinschaft ohne staatlichen Segen entscheidet, muss damit rechnen, beim Tod des Lebenspartners leer auszugehen. Zumindest dann, wenn ihn der Partner für die Zeit nach seinem Tod nicht durch ein Testament oder einen Erbvertrag abgesichert hat. Ist der Partner nicht Erbe geworden, hat er oft nicht einmal Einfluss auf die Trauerfeier und Bestattung seines Lebenspartners.

Ist diese Regelung noch zeitgemäß?

Diese Ungleichheiten im deutschen Erbrecht sind nur aus der Geschichte heraus verständlich. Unser Erbrecht besteht beinahe unverändert seit den Zeiten Kaiser Wilhelms, also etwa seit Ende des 19. Jahrhunderts. Damals konnte niemand ahnen, dass schon 120 Jahre später Menschen ihr Leben ohne den Segen von Staat und Kirche mit einem Lebensabschnittsbegleiter verbringen. Dessen Rechtsstellung im gesetzlichen Erbrecht ist deswegen nicht vorgesehen. Er ist weder Angehöriger noch Ehepartner. Deswegen stehen ihm weder ein gesetzliches Erbrecht noch bestimmte Vermögensgegenstände oder das so genannte Voraus (Haushaltsgegenstände) zu.

Als Ehegatte ist der Partner gesetzlicher Erbe und bekommt neben den Kindern aus erster und zweiter Ehe in der Regel die Hälfte des Nachlasses. Durch Testament oder

Erbvertrag können davon abweichende Regelungen getroffen werden. Zum Beispiel kann geregelt werden, dass der Ehegatte zunächst Alleinerbe wird und die Kinder erst nach dessen Tod als Nacherben an das Vermögen kommen. Dies kann durchaus sinnvoll sein, um Erbstreitigkeiten aus dem Weg zu gehen.

Wie kann man einen neuen Lebenspartner am besten absichern und umgekehrt sich selbst auch?

Am besten kann man seinen Lebenspartner durch ein Testament oder noch besser einen Erbvertrag schützen, wenn man keine Ehe (mehr) eingehen will. In einem Erbvertrag beim Notar können sich die unverheiratet zusammenlebenden Partner für den Fall des Todes sehr genau absichern und auf ihre individuelle Lebenssituation genau abgestimmte Regelungen treffen, wie zum Beispiel auch das Erbrecht von Kindern aus früheren Ehen oder der neuen Ehe regeln.

Was ist der Unterschied zwischen Testament und Erbvertrag?

Ein Testament kann von einem Partner nach Herzenslust wieder geändert und widerrufen werden. Das ist bei einem Erbvertrag nicht so einfach möglich. Ein Erbvertrag bindet. Wem dies zu weit geht, kann Rücktritts- oder Abänderungsvorbehalte im Erbvertrag eintragen lassen.

Ist eine solche Regelung auch für verheiratete Paare empfehlenswert?

Ja. Auch bei verheirateten Ehepartnern sollte über ein Testament oder einen Erbvertrag nachgedacht werden. Gerade kinderlose Eheleute denken oft, dass der Ehepartner bei Tod automatisch alles erben wird. Dies ist aber nicht richtig. Eltern, Geschwister und sogar Neffen und Nichten können miterben.

Haben die Erben des überlebenden Lebenspartners Anspruch auf das Vermögen des verstorbenen Partners?

Stiefkinder oder Kinder des nichtehelichen Partners zählen rechtlich nicht zu den Erbberechtigten des eigenen Vermögens. Trotzdem können sie über einen Umweg Erbe werden. Vermachen Sie dem Lebenspartner einen Teil Ihres Vermögens und stirbt der Partner nach Ihnen (auch wenn es bei einem Unfall nur ein paar Minuten später ist), wird rechtlich gesehen zunächst der Partner Erbe und anschließend dessen Kinder. Ihre eigenen Kinder bleiben bezüglich dieses Erbteils außen vor. Deshalb sollte man in dem Testament oder Erbvertrag auch genau vorsehen, wer nach dem Ableben des Partners Erbe des eigenen Vermögens wird.

Wer erbt, wenn der Lebensgefährte stirbt, während er noch verheiratet ist?

In diesem Fall erben seine Noch-Ehefrau bzw. der Noch-Ehemann und deren Kinder. Anders ist es, wenn er den neuen Lebensgefährten in einem Testament oder Erbvertrag als Erben eingesetzt hat. Dann erbt dieser. Die Noch-Ehefrau bzw. der Noch-Ehemann und die Kinder haben nur Pflichtteilansprüche. Gelegentlich hat der Bundesgerichtshof allerdings solche Testamente gekippt und die Sittenwidrigkeit angenommen. Diese Rechtsprechung hat der BGH aber in letzter Zeit gelockert.

Einer der Lebensgefährten stirbt, der andere ist aber noch verheiratet. Kann er erben?

Wenn der Lebensgefährte stirbt, werden Sie nur dann Erbe, wenn er durch ein Testament oder einen Erbvertrag Vorsorge für Sie getroffen hat. Hat er dies getan, können Sie auch erben, wenn Sie in einer noch nicht geschiedenen Ehe stecken.

Muss man seiner oder seinem Ex noch Unterhalt zahlen, wenn man erneut zum Standesamt geht?

Ja, durchaus. Ein Unterhaltsanspruch des alten Ehegatten erlischt nicht dadurch, dass man selbst wieder heiratet und dadurch neue Unterhaltspflichten hat.
Wenn dagegen der unterhaltsberechtigte Ex-Partner wieder heiratet, erlischt sein Unterhaltsanspruch. Wenn er in einer nichtehelichen Lebensgemeinschaft lebt, ruht der Unterhaltsanspruch. In beiden Fällen muss der Unterhaltspflichtige keine Unterhaltszahlungen leisten.

Empfehlen sich Verträge beim Notar oder Rechtsanwalt?

Wenn es um Nachlassdinge geht, würde ich eine notarielle oder anwaltliche Beratung dringend empfehlen. Ein Spezialist kann Sie beraten, wie Ihre konkreten Vorstellungen möglichst weitgreifend umzusetzen sind. Er weist Sie zudem auf bestehende Gefahren hin.

Ein notarielles Testament hat darüber hinaus den Vorteil, dass es stets amtlich verwahrt wird. Ihr letzter Wille ist dadurch fälschungssicher untergebracht und kann nach Ihrem Tod von keinem beiseitegeschafft werden, was passiern könnte, bewahrte man es bei seinen privaten Unterlagen auf.

Und noch ein Vorteil: Ein notarielles Testament wird von Behörden, Gerichten und vielen privaten Institutionen (so insbesondere Banken) in Verbindung mit der Eröffnungsniederschrift des Nachlassgerichts als Erbnachweis anerkannt. So ersparen Sie Ihren Erben einen Erbschein zu beantragen, dessen Erteilung höhere Kosten verursacht als das notarielle Testament.

Welchen Anspruch haben Kinder aufs Erbe?

Haben Kinder wenigstens einen Anspruch auf den Pflichtteil?

Nein. Wollen die Eltern ihr Vermögen bis auf den letzten Cent ausgeben, können sie dies tun. Sie können mit ihrem Vermögen zu Lebzeiten also machen, was sie wollen. Sie müssen auch nicht Geld für den sogenannten Pflichtteil für den Nachwuchs auf die Seite legen. Wenn jedoch noch Vermögen vorhanden ist, wenn Vater oder Mutter stirbt, dann erben die nahen Angehörigen zumindest den Pflichtteil.

Wie kann man Kinder aus erster oder zweiter Ehe zu Lebzeiten absichern?

Man kann seinen Kindern schon zu Lebzeiten Vermögenswerte – wie zum Beispiel Immobilien – verschenken. Dazu wird der Schenkungsvertrag bei Immobilien von einem Notar beurkundet. Die Erbfolge zu Lebzeiten vorwegzunehmen kann steuerliche Vorteile haben. Beim Übertragen der Immobilie durch Schenkung fällt zwar Schenkungssteuer an. Allerdings nur, wenn der Freibetrag von 205.000 Euro überschritten wird. Der Freibetrag gilt pro Elternteil, das heißt, wenn man von der Mutter 205.000 Euro und vom Vater noch einmal 205.000 Euro erbt. Nach zehn Jahren kann man diesen Freibetrag wieder ausschöpfen, so dass sich die schrittweise vorzeitige Vermögensübertragung aus steuerlicher Sicht durchaus lohnen kann. Ob Eltern eine vorzeitige Vermögensübertragung auf die Kinder auch selbst wollen, sollten sie allerdings nicht nur von steuerlichen Vorteilen abhängig machen. Eine solche Entscheidung muss genau abgewogen werden.

Wie können sich Eltern absichern, dass sie bei einer vorweggenommenen Erbfolge finanziell nicht selbst in die Bredouille kommen oder gar zu Lebzeiten um ihr Vermögen oder ihre Immobilie gebracht werden?

Dafür sorgt ein im Grundbuch eingetragenes lebenslanges Wohnrecht für die Eltern. Bei vermieteten Immobilien, die zu Lebzeiten der Eltern auf die Kinder übergehen sollen, sollten sich die Eltern im Grundbuch den weiteren Nießbrauch sichern. Die Kinder werden zwar Eigentümer – die Mieteinnahmen stehen ihnen aber erst zu, wenn beide Eltern verstorben sind.

Damit den Kindern die Immobilie nicht zu Kopfe steigt, empfiehlt sich die Aufnahme so genannter »Wohlverhaltensregeln« in den Schenkungsvertrag.

Möglich ist auch, sich durch Eintragung einer Auflassungsvormerkung im Grundbuch für den Fall abzusichern, dass sie ihr Geschenk eines Tages wegen »groben Undanks« des Kindes wieder zurückfordern wollen.

Bei Immobilien ab einem Wert von zwei bis drei Millionen Euro kann sich übrigens auch eine vermögensverwaltende Familiengesellschaft in Form einer GmbH & Co KG lohnen. Das Familienoberhaupt bleibt als Komplementär auch weiter »Herr im eigenen Haus«.

Und noch etwas kann leider passieren: Die Kinder sterben vor den Eltern. Deshalb kann der Schenkungsvertrag vorsehen, dass die Immobilie dann automatisch wieder an die Eltern zurückfällt.

Wie können bei einer neuen Partnerschaft Erbstreitigkeiten mit Kindern aus einer früheren Beziehung schon vorsorglich vermieden werden?

Man kann die Kinder aus einer früheren Partnerschaft »auszahlen«. Dafür müssen diese aber mitspielen. Das Kind aus der früheren Partnerschaft unterschreibt dabei zum Beispiel als Gegenzug für die Zuwendung eines größeren Geldbetrages oder einer Immobilie einen Erbverzichtsvertrag beim Notar. In diesem Vertrag kann das Kind auch auf ein Pflichtteilsrecht verzichten.

Epilog: Oft kommt sie spät, doch sie kommt – die Liebe

Buchstäblich in letzter Minute – mein Buchmanuskript war bereits abgeschlossen – erreichte mich die Mail von Eva. Sie ist eine von gut zwei Dutzend Frauen, die mir über ihre Erfahrungen und Erlebnisse auf der Suche nach einem Partner berichteten. Wir hatten uns über Monate hinweg mehrmals getroffen. Bei unserem letzten Zusammensein sagte sie fröhlich und heiter: »So, das war's! Ich suche nicht länger nach einem Partner. Wenn er mir zufällig begegnet, ja, wunderbar, wenn nicht, dann hat's eben nicht sollen sein!«

Sie hatte sich mehr als zwei Jahre lang intensiv bemüht – per Zeitungsannonce, im Internet, auf Veranstaltungen – einen Partner zu finden. Sie schloss viele Bekanntschaften. Einmal war einer dabei, in den sie sich richtig verguckte – für wenige Wochen. Dann war es vorbei.

Eva ist 62, seit elf Jahren geschieden, lebhaft und warmherzig, klug und charmant, jung geblieben, eher eine Schönheit auf den zweiten Blick.

Wie bei so manch anderer meiner Gesprächspartnerinnen dachte ich: Warum findet ausgerechnet sie keinen? Männer müssten doch total abfahren auf einen Typ Frau wie sie.

»Ach«, lachte sie, als ich das zur Sprache brachte, »das sagen meine Freundinnen auch. Männer haben da aber offensichtlich eine andere Sichtweise.«

Ja, und nun ihre Mail. Sie war kurz und für mich total überraschend: »Ich habe ihn gefunden, meinen Traummann!«

Ich griff sofort zum Telefon. Diese Geschichte interessierte mich. »Wie haben Sie ihn gefunden? Wer ist er? Wie ist er?«, wollte ich wissen. Die ganz normalen Fragen eben, die auch Freundinnen in einem solchen Fall stellen würden.

»Sie werden es nicht glauben«, erzählte mir Eva, »er ist mir quasi vor die Räder gelaufen.« Winfried, so heißt er, wollte noch die Straße überqueren, als die Fußgänger-Ampel gerade auf Rot geschaltet hatte. Eva machte im selben Moment einen zügigen Start – bei Grün – schon hatte sie den Fußgänger sozusagen vor der Windschutzscheibe. Notbremse, Fenster runter, »Idiot« geschrien.

»Und wissen Sie, was der Mann gemacht hat?«, fragte sie mich. Nein, keine Ahnung. »Er hat sich entschuldigt, dass er mich so erschreckt hat – und mir gedankt, dass ich ihn am Leben ließ.«

Ein total Verrückter, sagte sich Eva, und fuhr weiter.

Tage später klingelte bei ihr das Telefon. Der »Verrückte« war dran. Er hatte, wie auch immer, über ihre Kfz-Nummer ihren Namen erfahren.

»Ich hatte den Vorfall längst vergessen«, erzählte Eva, »er aber pochte auf ›Wiedergutmachung‹ und lud mich zum Essen ein.«

Der Rest ist schnell erzählt. Nein, es war nicht Liebe auf den ersten Blick. Eher eine auf den zweiten oder gar dritten – auf Seiten von Eva. »Ich fand ihn sympathisch, aber er war einfach nicht der Typ, auf den ich fliegen würde.«

Warum hat sie ihn dennoch wieder getroffen? »Er strahlte viel Wärme aus. Das hat mich sehr berührt.«

Jetzt sind sie und der 59-jährige Lehrer ein Paar und machen eifrig Zukunftspläne.

»Wissen Sie, was das Verrückteste an der ganzen Sache ist?«, fragte sie mich. »Hätte ich Winfried in der Zeit getroffen, in der ich noch intensiv auf der Suche war, wäre er für mich nicht in die engere Wahl gekommen. Ich war auf etwas ganz anderes fixiert. Aber so ging ich ganz gelassen zu unserem ersten Treffen. So ohne alle Erwartung, höchstens der, einen halbwegs netten Abend zu verbringen. Und natürlich war ich auch neugierig auf den Mann, den ich ›am Leben gelassen‹ habe, wie er es formulierte.«

Ich finde, das ist eine wunderbare Geschichte. Und ein gutes Beispiel dafür, dass die Liebe kommt, wenn man ihr »ihre« Zeit lässt und man offen ist für sie. Dass man ihr die Chance geben muss, einen einfach zu »überfallen«. Dass sich Liebe nicht erzwingen lässt. Dass der erste Eindruck täuschen kann, dass man dem anderen eine zweite, dritte Chance geben sollte. Und dass man manchmal eben auf sie warten muss, auf die Liebe, nicht selten sogar richtig lange. Dass es sich aber lohnt, auf sie zu warten, ohne sie herbeizuzwingen. Und dass man die Hoffnung nie aufgeben sollte. Dass man Vertrauen in sich selbst und an das Gelingen in sich haben muss. Und dass manchmal erst der eine oder andere Umweg zur Liebe führt. Denn: Nicht nur nach Rom führen viele Wege – auch zur Liebe führen viele.

Manche schaffen es auf direktem Weg, manche müssen Umwege machen. Gelassenheit ist das Zauberwort. Fühlen Sie sich so und geben Sie sich so, als wären Sie längst glücklich verliebt. Das gibt Ihnen jene Ausstrahlung, jene Gelassenheit, die auf andere unglaublich anziehend wirkt. Denn: Das Glück gesellt sich am liebsten zu den Glücklichen.

Ich wünsche Ihnen viel, viel Glück auf der Suche nach einem Sie beglückenden Partner. Toi, toi, toi!

Lore Großhans

Anhang

Danksagung

Dieses Buch widme ich allen, die an seinem Zustandekommen maßgeblich beteiligt waren: Den Paaren, die offenherzig mit mir über ihre neue Liebesbeziehung sprachen, den Frauen und Männern, die auf dem Weg ins Glück weniger Erfolg hatten, die mir dennoch »ihre« Geschichte anvertrauten, allen Experten in Sachen Liebe.

Ich danke meinen Freunden für ihr Verständnis, dass ich über lange Zeit hinweg nur am Schreibtisch saß und für sie nicht »ansprechbar« war. Ihre Anrufe, Briefe und Mails, mit denen sie mich bei Laune halten und unterstützen wollten, haben gut getan. Besonderer Dank gebührt meiner Lektorin Dagmar Olzog, die verständnisvoll und engagiert mein Buchvorhaben unterstützt und begleitet hat.

Adressen

An die folgenden Adressen können Sie sich wenden, wenn Sie an Kontaktanzeigen oder Chats im Internet interessiert sind:

www.parship.de
www.ElitePartner.de
www.Akademiker-KREIS.com
www.55plus-magazin.de
www.focus-chat.de
www.senioren24.de
www.lovepoint.de
www.forum-fuer-senioren.de
www.yahoo.de

Natürlich gibt es noch viele weitere Internetportale. Sie finden sie in Ihrer Tageszeitung oder im Internet.

Auch Adressen von Single-Clubs finden Sie in Ihrer Tageszeitung.

Bei Partner- und Eheanbahnungsinstituten sollten Sie nachfragen, ob sie ein spezielles Angebot für Interessenten ab 50 Jahren haben – und auch genügend Kandidaten/Kandidatinnen. Dann ist die Wahrscheinlichkeit höher, einen Partner passenden Alters zu finden.

Zu Verträgen mit Partnervermittlungsinstituten gibt es bei den Verbraucherzentralen der jeweiligen Bundesländer wichtige juristische Informationen.

Literaturempfehlungen

Alth, Bela von: *P@rtnersuche im Internet*, Südwest 2006

Bartsch, Herbert/Bartsch, Malte B.: *Das aktuelle Erbrecht. Vorsorge, Steuern, Ansprüche,* Walhalla-Verlag, 11. Aufl. 2006

Bronnen,Barbara: *Am Ende ein Anfang*, Arche 2006

Châtelet, Noelle: *Die Klatschmohnfrau*, Kiepenheuer & Witsch 1999

Döring, Dorothee: *Warum allein bleiben? Erfolgreiche Partnersuche im Internet,* Kaufmann 2006

Gleissner-Bertuddi: *Der halbierte Baum. Roman einer späten Begegnung*, Verlag Karin Fischer 2006

Henfelder, Armin E./Bieger, Wilfried P.: *Das Anti-Aging-Konzept. Erfolgreiche Strategien zum Jungbleiben*, Gräfe & Unzer 2001

Klentze, Michael: *Anti-Aging. Die Macht der eigenen Hormone*, Südwest 2003

Klentze, Michael: *Anti-Aging – Die Kraft der Sexualität,* Südwest 2004

Rampe, Micheline: *Der R-Faktor. Das Geheimnis unserer inneren Stärke,* Eichborn 2004

Reiners, Holger: *Best Age – Männer um die 50*, Kösel 2004

Riemann, Fritz/Kleespies, Wolfgang: *Die Kunst des Alterns. Reifen und Loslassen,* Reinhardt Verlag, 3. Aufl. 2005

Zurhorst, Eva-Maria: *Liebe dich selbst und es ist egal, wen du heiratest,* Goldmann/Arkana-Verlag, 16. Aufl. 2004